schungsberichte

iwb

Band 75

Berichte aus dem
Institut für Werkzeugmaschinen
und Betriebswissenschaften
der Technischen Universität
München

Herausgeber:
Prof. Dr.-Ing. G. Reinhart
Prof. Dr.-Ing. J. Milberg

Springer-Verlag Berlin Heidelberg GmbH

Michael Lindl

Auftragsleittechnik für Konstruktion und Arbeitsplanung

Mit 66 Abbildungen

1994
Springer-Verlag Berlin Heidelberg GmbH

Dipl.-Ing. Michael Lindl
Institut für Werkzeugmaschinen und Betriebswissenschaften (iwb), München

Univ.-Prof. Dr.-Ing. G. Reinhart
o. Professor an der Technischen Universität München
Institut für Werkzeugmaschinen und Betriebswissenschaften (iwb), München

Univ.-Prof. Dr.-Ing. J. Milberg
o. Professor an der Technischen Universität München
Institut für Werkzeugmaschinen und Betriebswissenschaften (iwb), München

D 91

ISBN 978-3-540-58221-2 ISBN 978-3-662-05915-9 (eBook)
DOI 10.1007/978-3-662-05915-9

Ursprünglich erschienen bei Springer-Verlag, Berlin, Heidelberg New York 1994

Gesamtherstellung: Hieronymus Buchreproduktions GmbH, München.

SPIN: 10473742 62/3020-543210

Geleitwort der Herausgeber

Die Produktionstechnik ist für die Weiterentwicklung unserer Industriegesellschaft von zentraler Bedeutung. Denn die Leistungsfähigkeit eines Industriebetriebes hängt entscheidend von den eingesetzten Produktionsmitteln, den angewandten Produktionsverfahren und der eingeführten Produktionsorganisation ab. Erst das optimale Zusammenspiel von Mensch, Organisation und Technik erlaubt es, alle Potentiale für den Unternehmenserfolg auszuschöpfen.

Um in dem Spannungsfeld Komplexität, Kosten, Zeit und Qualität bestehen zu können, müssen Produktionsstrukturen ständig neu überdacht und weiterentwickelt werden. Dabei ist es notwendig, die Komplexität von Produkten, Produktionsabläufen und -systemen einerseits zu verringern und andererseits besser zu beherrschen.

Ziel der Forschungsarbeiten des *iwb* ist die ständige Verbesserung von Produktentwicklungs- und Planungssystemen, von Herstellverfahren und Produktionsanlagen. Betriebsorganisation, Produktions- und Arbeitsstrukturen und Systeme zur Auftragsabwicklung im Unternehmen werden unter besonderer Berücksichtigung mitarbeiterorientierter Anforderungen entwickelt. Die dabei notwendige Steigerung des Automatisierungsgrades darf jedoch nicht zu einer Verfestigung arbeitsteiliger Strukturen führen. Fragen der optimalen Einbindung des Menschen in den Produktentstehungsprozeß spielen deshalb eine sehr wichtige Rolle.

Die im Rahmen dieser Buchreihe erscheinenden Bände stammen thematisch aus den Forschungsbereichen des *iwb*. Diese reichen von der Produktentwicklung über die Planung von Produktionssystemen hin zu den Bereichen Fertigung und Montage. Steuerung und Betrieb von Produktionssystemen, Qualitätssicherung, Verfügbarkeit und Autonomie sind Querschnittsthemen hierfür. In den *iwb*-Forschungsberichten werden neue Ergebnisse und Erkenntnisse aus der praxisnahen Forschung des *iwb* veröffentlicht. Diese Buchreihe soll dazu beitragen, den Wissenstransfer zwischen dem Hochschulbereich und dem Anwender in der Praxis zu verbessern.

Joachim Milberg *Gunther Reinhart*

Vorwort

Die vorliegende Dissertation entstand während meiner Tätigkeit als wissenschaftlicher Mitarbeiter am Institut für Werkzeugmaschinen und Betriebswissenschaften (iwb) der Technischen Universität München.

Herrn Prof. Dr.-Ing. J. Milberg, dem Leiter dieses Instituts, gilt mein besonderer Dank für die wohlwollende Förderung und großzügige Unterstützung meiner Arbeit.

Herrn Prof. Dr.-Ing. J. Heinzl, dem Leiter des Lehrstuhls für Feingerätebau und Getriebelehre, danke ich für die Übernahme des Korreferates und die aufmerksame Durchsicht der Arbeit.

Darüberhinaus möchte ich allen Mitarbeiterinnen und Mitarbeitern des Instituts und allen Studenten, die mich bei der Erstellung meiner Arbeit unterstützt haben, recht herzlich danken.

München, im Oktober 1993 Michael Lindl

1 Einleitung und Zielsetzung

1.1 Veränderte Wettbewerbsbedingungen aus der Sicht von Konstruktion und Arbeitsplanung

Unternehmen bewegen sich im Spannungsfeld zwischen Beschaffungsmarkt und Absatzmarkt. Ihre Wettbewerbssituation wird dabei durch ihre relative Position zur Position der Mitbewerber geprägt. Vor dem Hintergrund der sich verschärfenden Situation auf dem Absatzmarkt gilt es, eine Wettbewerbsstrategie zu finden und zur Sicherung der eigenen Wettbewerbsposition die vorhandenen Unternehmenspotentiale auszuschöpfen. Die finanziellen Mittel, die Produktionstechnologie sowie die Leistungsfähigkeit eines Unternehmens im F&E-Bereich stellen diese Potentiale dar /Milb_91/.

Eine Wettbewerbsstrategie, die vor allem im Bereich der Investitionsgüterindustrie zunehmend an Bedeutung gewonnen hat, ist die Strategie der Kundenorientierung. Kundenorientierung besteht einerseits in der Orientierung an den Kundenvorstellungen hinsichtlich Qualität, Lieferzeiten und Kosten der Produkte, zum anderen in der Art des Kundenkontaktes /Fres_90/.

So ist der Trend zu kundenindividuellen Produkten gerade im Bereich der Investitionsgüterindustrie ungebrochen. Häufig sind zusätzliche Dienstleistungen wie z.B. die Erstellung von Software vom Anbieter zu erbringen. Weniger der Verkauf eines einzelnen Produkts steht im Vordergrund, sondern eine Problemlösung /Groß_92/. Dazu muß auch eine stärkere Interaktion zwischen dem Anbieter und dem Kunden zugelassen werden bis hin zur Beteiligung des Kunden an der Produktspezifikation selbst noch in der Produkterstellungsphase. Die Flexibilität dem Kunden gegenüber muß durch eine entsprechende unternehmensinterne Flexibilität realisiert werden.

In diesem Zusammenhang ist die zunehmende Bedeutung des Zeitaspektes zu beachten. Oftmals sind kurze Liefertermine sowie eine schnelle Angebotsbearbeitung ausschlaggebende Kriterien für die Auftragsvergabe. Schnelligkeit im Unternehmen ist die Voraussetzung für Flexibilität /Milb_91/.

Die steigende Komplexität und Varianz der anzubietenden Leistungen, welche zudem in einer kürzeren Zeitspanne als bisher erarbeitet werden müssen, lassen aber auch die Gefahr von Fehlentscheidungen wachsen. Somit ist zur Erreichung eines zeit- und kundenorientierten Marktverhaltens nicht nur Flexibilität, sondern auch ein höheres Maß an Transparenz und Entscheidungssicherheit gefordert /Sche_90, Fres_90/.

Diese Entwicklung stellt Anforderungen insbesondere an die Konstruktion und Arbeitsplanung (Bild 1.1), da diesen Abteilungen eine dominierende Rolle bei der Bestimmung der Produkteigenschaften zukommt /Ehrl_85/. Die meist sequentiellen und von Arbeitsteiligkeit geprägten Strukturen sind hingegen oftmals zu starr und schwerfällig, um schnell und flexibel auf Spezifikationsänderungen bei zunehmend komplexen Produkten reagieren zu können /Lutz_88/. Daher sollten gegebenenfalls zentrale und verrichtungsorientierte Strukturen durch flexiblere, prozeßkettenorientierte Organisationsformen abgelöst werden.

Bild 1.1: Veränderte Randbedingungen der technischen Auftragsabwicklung

Daneben übt auch die Automatisierung der Produktionsanlagen einen gewissen Rationalisierungsdruck auf die Bereiche der Konstruktion und Arbeitsplanung aus. So erfordern die zunehmend flexible Automatisierung und der Einsatz meist kapitalintensiver Produktionsanlagen eine intensivere Vorbereitung der Produktionsprozesse sowie die Erfüllung zusätzlicher Aufgaben durch das Fertigungsvorfeld. Dies betrifft beispielsweise die Arbeitsplanung durch eine steigende Zahl von NC-Programmen für NC-Maschinen und Handhabungseinrichtungen, die Konstruktion durch die notwendig werdende automatisierungsgerechte Produktauslegung in Form von Simulations- und

FEM-Berechnungen. Es ist zu bedenken, daß die Prozeßkontrolle durch den Mitarbeiter vor Ort entfällt und nur teilweise durch automatisierte Qualitätssicherungsmaßnahmen wie z.B. Sensorik und automatisiertes Messen zu ersetzen ist /Ehrl_91/.

Die steigende Anzahl von Tätigkeiten, zunehmende Produktverantwortung bei gleichzeitig hoher Flexibilität und die stärkere Berücksichtigung von Kundenwünschen stellen erhebliche Herausforderungen für die Konstruktion und Arbeitsplanung dar. Verbesserungen in der Organisation und der Einsatz geeigneter, rechnerunterstützter Hilfsmittel stellen somit keine "Wahlleistungen" mehr, sondern notwendige Maßnahmen dar.

1.2 Ansätze zur Verbesserung der Auftragsabwicklung im Fertigungsvorfeld

Vor dem Hintergrund der angesprochenen überwiegend arbeitsteiligen und sequentiellen Arbeitsstrukturen sollen zunächst organisatorische Maßnahmen in Betracht gezogen werden. Hier können flachere und mit Informationsregelkreisen verknüpfte Strukturen zur Schnelligkeit und Flexibilität in der Auftragsabwicklung beitragen. Kleinere und unter Umständen produktbezogene Organisationseinheiten, welchen durchaus ein gewisses Maß an Selbstorganisationsfähigkeit zugestanden werden sollte, tragen zu einer zeit-, kosten- und qualitätsorientierten Ausführung der Tätigkeiten bei /Gaus_92/.

Die Dezentralisierung von Planungs- und Steuerungsaufgaben erfordert aber im gleichen Schritt auch eine übergeordnete Koordination dieser Einheiten in Hinblick auf die jeweiligen Zielgrößen des Auftrags. Diese Aufgabe kann von einer Auftragsleitstelle wahrgenommen werden. Die Auftragsleittechnik verbindet somit die auftragsbezogene Sicht der Auftragssteuerung mit der objektbezogenen Sicht der Konstruktion und Arbeitsplanung (Bild 1.2).

Durch beide Maßnahmen zusammen, Dezentralisierung und übergeordnete Koordination, sollte neben der inhaltlichen Abstimmung von Produkt und Produktionsprozeß ebenso eine Reduzierung der Durchlaufzeit durch Verkürzung der Übergangszeiten wie durch Parallelschaltung von Tätigkeiten möglich sein. So könnte an die Stelle der gegenwärtigen Praxis, meist fertig ausgearbeitete Arbeitsunterlagen zur Bearbeitung an die nächste Station weiterzugeben, angesichts der heute bereits verfügbaren technischen Möglichkeiten eine frühzeitigere Informationsweitergabe mit einer Koordination der Bearbeitungsschritte treten. Diese Vorgehensweise muß nicht überall Sinn machen, kann aber beispielsweise an der Schnittstelle von der Produkt- zur häufig zeitkritischen Betriebsmittelkonstruktion wertvolle Zeit sparen oder ganz zur Einsparung von Tätigkeiten führen.

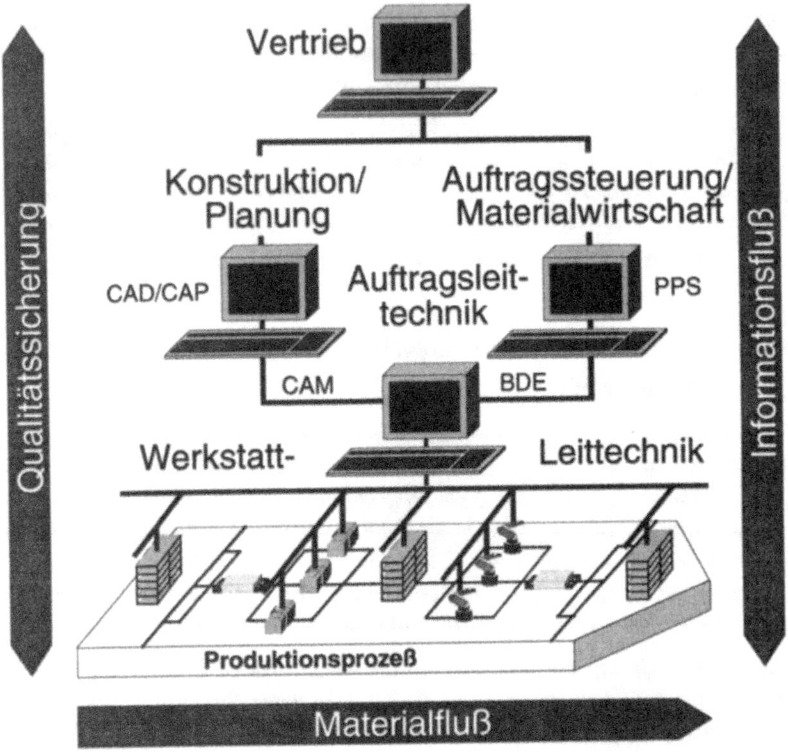

Bild 1.2: Verbesserung der Auftragsabwicklung durch Auftragsleittechnik

Der mitarbeiterbezogene Aspekt sollte im Rahmen einer Reorganisation und Arbeitsgestaltung nicht vergessen werden. So sind die Motivation und Leistungsbereitschaft der Mitarbeiter in der Konstruktion und Arbeitsplanung wichtige Faktoren am Produkterfolg. Kleine und sich selbst organisierende Einheiten können zur Mitarbeitermotivation sicherlich ebenso beitragen wie eine Entlastung von verwaltungstechnischer Tätigkeit zugunsten der eigentlichen, kreativen Arbeitsanteile durch leistungsfähige Hilfsmittel, verbesserte Informationsbereitstellung und Kommunikation.

Angesichts der durch die Produktkomplexität und -vielfalt steigenden, durch die Flexibilität erzwungenen Informationsmengen ist also die Frage nach den geeigneten Hilfsmitteln zu stellen, mit denen die angesprochenen Maßnahmen umzusetzen sind.

Planungs- und Steuerungssysteme können umso mehr zur Koordination einzelner Teilaufgaben beitragen, je besser die Aktualität und Transparenz ihrer Daten ist. Die

Integration dieser Werkzeuge mit der Auftragsausführung und eine geeignete Aufbereitung durch Informationssysteme sind damit ein wesentlicher Beitrag, um auch bei kurzfristigen Aktionen folgerichtige Entscheidungen zu treffen. Kommunikationssysteme tragen zur Abstimmung im Änderungsfall bei und lassen Vorgänge der automatisierten Informationsverarbeitung nachvollziehbar werden. Anzumerken ist, daß der persönliche Kontakt dadurch keineswegs ausgeschlossen oder abgewertet werden soll. Er ist allerdings z.B. bei kurzen Mitteilungen und standardisierten Vorgängen auch nicht immer von Nöten. Ein Spezifikationswesen hilft schließlich, externe wie interne Produktanforderungen sowie Randbedingungen des Produktionsprozesses frühzeitig zu erfassen und redundanzfrei den Projektbeteiligten zur Verfügung zu stellen. Durch Realisierung dieser Funktionen auf der Basis einer logisch zentralen Datenhaltung lassen sich der Informationsfluß wie auch die Koordinationsfähigkeit im Fertigungsvorfeld wesentlich verbessern. Die notwendigen Basiskomponenten stehen heute in Form moderner Datenbanken und Kommunikationssysteme zur Verfügung.

1.3 Ziel der Arbeit und Übersicht

Ziel der Arbeit ist es, das Konzept einer rechnerunterstützten Auftragsleitstelle für Konstruktions- und Arbeitsplanungsaufgaben vorzustellen. Es betont den ganzheitlichen Ansatz, zur Verbesserung der Auftragsabwicklung sowohl organisatorische als auch systemtechnische Aspekte zu berücksichtigen.

So führt Kapitel 2 den Leser nach einer kurzen Situationsanalyse und dem Stand der Technik in den Begriff der Auftragsleittechnik ein. Er wird sowohl von seiner organisatorischen wie auch systemtechnischen Seite aus betrachtet. Die Aufgaben und Anforderungen an ein rechnerunterstütztes Auftragsleitsystem werden geklärt. Die bevorzugt betrachtete Auftragsform ist hierbei die kundenspezifische Konstruktion und Produktion.

Aufbauend auf diese Anforderungen beinhaltet Kapitel 3 eine Beschreibung des Informationsmodells für ein integriertes Auftragsleitsystem. Ziel bei der Gestaltung des Informationsmodells ist dabei zum einen die bereichsübergreifende Koordination von Aufgaben, zum anderen der Datentransfer zwischen verschiedenen Systemen des Fertigungsvorfeldes. Neben den wesentlichen Partialmodellen werden Systemkomponenten zur Verbesserung der Kommunikation und der Vermittlung von Produktanforderungen betrachtet.

Kapitel 4 zeigt nach Phasen der Auftragsabwicklung gegliedert die wichtigsten Funktionsbereiche eines Auftragsleitsystems. Ein erster Teilabschnitt gilt dabei der Auftragsplanung, um ausgehend von den Randbedingungen eines Kundenauftrags zunächst

Rahmenvorgaben und nachfolgend auch detailliertere Einzelaufgaben der Konstruktion und Arbeitsplanung zu erarbeiten. Die Auftragssteuerung und -überwachung beschäftigt sich in einem zweiten Abschnitt mit der koordinierten Umsetzung dieser Zielvorgaben.

Die Auftragsausführung einzelner Konstruktions- und Planungsaufgaben ist das Thema von Kapitel 5. Vorgestellt wird ablauforientierter Ansatz zur Integration von CA-Systemen mit dem Auftragsleitsystem. Die informationstechnisch durchgängige und von einer Auftragsleitstelle koordinierte Auftragsabwicklung wird in Kapitel 6 anhand eines Realisierungsbeispiels gezeigt. Kapitel 7 schließt mit einer Zusammenfassung der Ergebnisse und einem Ausblick auf weitere Entwicklungsansätze.

2 Aufgaben und Einordnung der Auftragsleittechnik

2.1 Situationsanalyse

Veränderte Marktbedingungen haben im Laufe der letzten Jahre die Randbedingungen, unter denen industrielle Güter produziert werden, verschärft und einen Rationalisierungsdruck geschaffen. Diese Randbedingungen stellen an die unternehmensinterne Auftragsabwicklung die Anforderung, Durchlaufzeiten zu verkürzen und die zunehmende Komplexität und Variantenvielfalt der Produkte bei gleichzeitig hoher Flexibilität zu beherrschen /Milb_91/. Während im Fertigungsbereich durch flexible Automatsierung der Produktionseinrichtungen zum Teil recht erfolgreich auf diese Entwicklung reagiert werden konnte, hat die Automatisierung der Informationsverarbeitung in den der Produktion vorgelagerten Bereichen noch nicht die erhofften Verbesserungen in Hinblick auf die Unternehmensziele gebracht /Ever_90/. Im folgenden sollen daher die genannten Randbedingungen aus der Sicht der Konstruktion und Arbeitsplanung näher betrachtet (Bild 2.1) und für die kundenspezifische Auftragsabwicklung (Einzel- und Kleinserienfertigung variantenreicher Produkte) Lösungsansätze aufgezeigt werden.

Kundenorientierung als Wettbewerbsstrategie erfordert das Anbieten von maßgeschneiderten Produkten. Mehr als der Verkauf von Standardprodukten steht das Anbieten von kundenindividuellen Produktlösungen im Vordergrund, für die oftmals auch noch zusätzliche Dienstleistungen, wie z.B. die Integration einer Werkzeugmaschine in das Produktionsumfeld des Kunden, zu erbringen sind. Dabei muß auch eine stärkere Interaktion zwischen dem Anbieter und dem Kunden zugelassen werden bis hin zur Beteiligung des Kunden an der Spezifikation noch in der Produkterstellungsphase /Fres_90, Groß_92/.

Die Produktkomplexität nimmt zu. So führen beispielsweise die Bemühungen in der Investitionsgüterindustrie, durch Funktionsintegration möglichst viele Bearbeitungsschritte auf einer Werkzeugmaschine auszuführen, zu einer Zunahme der zu verbauenden Einzelteile für diese Produkte (angetriebene Werkzeuge, Zuführeinrichtungen usw.). Klassische Maschinenkomponenten wie Mechanik, Hydraulik und Pneumatik sind heute oftmals durch Steuerungseinrichtungen (Hard- und Software) zu ergänzen /Fres_90, Groß_92/.

Eine hohe Lieferbereitschaft zu konkurrenzfähigen Preisen ist ein wesentliches Kriterium der Auftragsvergabe. Dies stellt insbesondere Anforderungen an das Fertigungsvorfeld, da dort etwa 60% der Durchlaufzeit in Anspruch genommen werden und diese Zeiten bei kundenspezifischer Konstruktion in der Regel vollständig in die

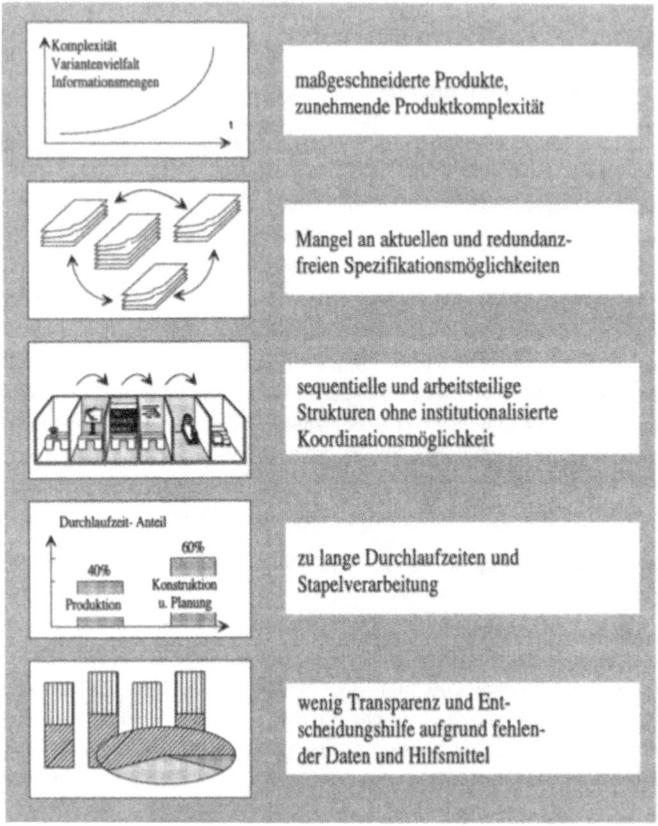

Bild 2.1: ***Problemfelder der Auftragsabwicklung***

Lieferzeit miteingehen /Ever_90, Heie_89/. Dabei sind hier i.a. keine technologisch neuartigen Lösungen zu erarbeiten, sondern im Prinzip bekannte Lösungen in anderer Form zu kombinieren. Dies läßt im Vergleich zu den Bearbeitungszeiten einen hohen Anteil an Liegezeiten und ein entsprechendes Potential zur Zeiteinsparung erwarten.

Die zunehmende Automatisierung von Produktionseinrichtungen schafft zusätzliche Aufgaben in der Produktionsvorbereitung. Der Einsatz flexibel automatisierter und meist kapitalintensiver Produktionsanlagen erfordert zur Vermeidung von Stillstandszeiten und zum Erhalt der Wirtschaftlichkeit eine intensivere Vorbereitung der

Produktionsaufgaben /Milb_89, Wild_90/. Die Arbeitsplanung ist davon betroffen vor allem durch die höhere Anzahl von NC-Programmen für Maschinen, Handhabungseinrichtungen und Roboter, die Konstruktion durch die Notwendigkeit einer automatisierungsgerechten Produktgestaltung. Dies macht wiederum den vermehrten Einsatz von Simulations- und FEM-Anwendungen erforderlich.

Die heute meist vorherrschenden sequentiellen und arbeitsteiligen Organisationsstrukturen zeigen Mängel in Hinblick auf eine zeit-, kosten- und qualitätsorientierte Auftragsabwicklung. Produktdaten werden in der Regel als 2-dimensionale, schriftliche Arbeitsunterlagen und in fertig ausgearbeiteter Form weitergegeben /Koep_91, Heie_89/. Durch anfallende Arbeitsvorräte ergeben sich so auch bei oftmals geringem Arbeitsumfang unverhältnismäßig lange Liegezeiten und eine entsprechend lange Durchlaufzeit. Eine Abstimmung von Tätigkeiten z.B. der Konstruktion und der Betriebsmittelplanung in Hinblick auf eine kostengünstige Wiederverwendung von Betriebsmitteln ist so in der Regel aus Zeitgründen nicht möglich. Auch auf Spezifikationsänderungen kann i.a. nicht ausreichend flexibel reagiert werden /Lutz_88/.

Zusammenfassend läßt sich feststellen, daß aufgrund der zunehmenden Produktkomplexität und Variantenvielfalt die Informationsmengen, die es zu verarbeiten gilt, steigen. Gleichzeitig sollen die dafür zur Verfügung stehenden Zeitspannen verkürzt werden.

Dies läßt zum einen ein **Verarbeitungsproblem** erkennen, dem mit einer Automatisierung der Informationsverarbeitung begegnet werden kann. Dabei ist jedoch das Entstehen von Automatisierungsinseln und eine Festschreibung bestehender Ablaufstrukturen durch die Rechneranwendungen zu vermeiden. Werden manuelle Datenübertragungsvorgänge durch Schnittstellenprogramme oder durch Zugriff auf gemeinsame Datenbestände ersetzt, so ist auch auf ein ausreichendes Maß an Flexibilität zu achten.

Zum anderen ist ein **Koordinations- und Kommunikationsproblem** zu lösen. In der gegenwärtigen Praxis der kundenauftragsorientierten Auftragsabwicklung wird von der Konstruktion ein Lösungsvorschlag erarbeitet, der dort in der Regel fertig ausgearbeitet und von den nachfolgenden Abteilungen in sequentiellen Arbeitsschritten weiter bearbeitet wird. Sollten dabei technische Probleme offensichtlich werden, so ist der ursprüngliche Produktentwurf in meist relativ langen Korrekturschleifen zu revidieren oder man ist gezwungen, eine suboptimale und damit meist kostenungünstige Lösung weiter zu verfolgen (Bild 2.2). Wesentlich ist hier die Feststellung, daß sowohl die geeigneten Koordinationsinstrumente als auch die notwendigen Grunddaten zur Abschätzung und Bewertung von Abläufen in der Konstruktion und Arbeitsplanung heute noch fehlen.

So besteht mit dem Vorliegen eines ersten Produktentwurfes keine Übersicht, welche Aufgaben im weiteren noch notwendig sind, wie aufwendig diese sich gestalten und wie gut ein Entwurf unter Fertigungs- und Montagegesichtspunkten ist. Und dies, obwohl bei der betrachteten Auftragsform i.a. keine technologisch vollkommen neuen, sondern im Prinzip bekannte Aufgabenstellungen zu bearbeiten sind. Ähnliche Probleme bestehen bei der Kostenrechnung. So werden heute anstelle einer auftragsbezogenen Kostenrechnung die Aufwendungen für kundenspezifische Anpassungen meist über die Gemeinkosten verrechnet /Hoit_92/. Damit verzichtet man auf die Ansammlung wichtiger Erfahrungswerte, welche für nachfolgende Auftragsfälle als Entscheidungsgrundlage herangezogen werden könnten. Dies führt beispielsweise dazu, daß dem Kunden gegenüber Preiszusagen unter Umständen ohne genaue Kenntnis der eigenen Kostensituation gemacht werden müssen. Es fehlen die Vergleichswerte, um im Verlauf der Auftragsbearbeitung die Einhaltung des Kostenrahmens überwachen und wirkungsvolle Gegenmaßnahmen einleiten zu können. Das Überschreiten des Kostenrahmens wird, wenn überhaupt, erst erkannt, nachdem diese Situation eingetreten ist.

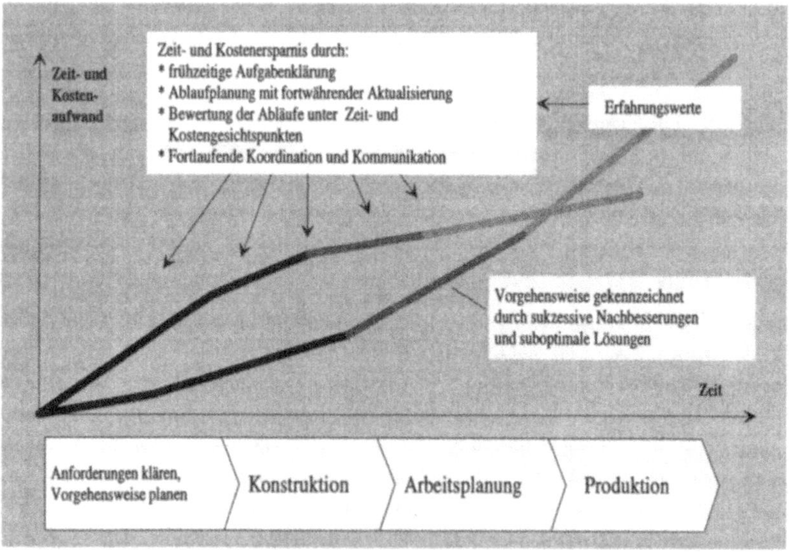

Bild 2.2: Eine frühzeitige Aufgabenklärung und begleitende Koordination von Konstruktions- und Planungsaufgaben kann Zeiten und Kosten sparen

Dem Mangel an Übersicht und Transparenz kann nach Aussage von Bild 2.2 also begegnet werden, indem frühzeitiger eine Abschätzung der aus dem Kundenwunsch resultierenden Produktänderungen erfolgt und die dazu notwendigen Tätigkeiten mit Rahmenvorgaben fixiert werden. Dies sollte gegebenenfalls mit Beteiligung der einzelnen Fachbereiche erfolgen. Auf der Basis von detaillierten und u.U. automatisch erfaßbaren Erfahrungswerten lassen sich voraussichtliche Zeit- und Kostenverläufe bestimmen, anhand derer dann die weitere Bearbeitung eines Entwurfs zu kontrollieren ist. Erste Erfahrungen mit Simultaneous Engineering haben zudem gezeigt, daß über die Zeit- und Kostenersparnis einer koordinierten Produktentwicklung hinaus im allgemeinen auch qualitative Verbesserungen möglich sind /Witt_89, Bull_90B, Rutt_91/. Für ein rechnerintegriertes Produktionssystem ist daher zu fordern:

- Verbesserte Koordinationsmöglichkeit besonders in den der Fertigung und Montage vorgelagerten Bereichen
- Aufhebung der starren Trennung verschiedener Bereiche der Auftragsabwicklung durch bereichsübergreifende Planung und Steuerung, Ermöglichung paralleler Vorgehensweisen
- Fortlaufende Ergänzung der Auftrags- sowie Geometrie- und Technologiedaten ohne wiederholte Grunddatenerzeugung; zudem die anwendungsneutrale und zentral zugängliche Darstellung derjenigen Daten, die von allgemeiner Bedeutung sind
- Redundanzfreie und fortlaufend aktualisierbare Darstellungsmöglichkeit für externe wie interne Produktanforderungen
- Transparenz über die aktuelle Auftragssituation hinsichtlich der Kosten, Termine und Qualität (im Sinne von Produkteigenschaften) durch schnellen Datenzugriff und Datenverdichtung auf das erforderliche Maß
- Größere Entscheidungssicherheit durch Bewertungs- und Vergleichsmöglichkeiten z.B. auf der Basis gesammelter Erfahrungswerte

Ein derartiges Konzept kann nach einhelliger Meinung nicht durch isolierte systemtechnische oder organisatorische Maßnahmen in die Realität umgesetzt werden. Vielmehr sind organisatorisch günstige, an Prozeßketten orientierte Arbeitsabläufe zu gestalten und diese durch geeignete Hilfsmittel zu unterstützen /Milb_91, Sche_90/.

Sicherlich kann ein Teil der genannten Ziele auch bereits durch entsprechende organisatorische Maßnahmen vorbereitet werden. So ist beispielsweise durch Dezentralisierung und Bilden eigenverantwortlicher Mitarbeitergruppen eine entsprechende Koordinationsfähigkeit und Kontrolle innerhalb einer Gruppe oder entlang einer Prozeßkette zu erreichen. Ein Informationsbruch an organisatorischen Schnittstellen ist aber zu vermeiden. Eine Erfassung und Verarbeitung von lokal vorliegenden Informationen kann in Hinblick auf Informationsdurchgängigkeit und Transparenz sehr wohl relevant sein, selbst wenn eine rechnerunterstützte Verarbeitung dieser Information für die Gruppe selbst nicht notwendig erscheint. Umso dringlicher erscheint daher zur Vermeidung einer zunehmenden manuellen Verwaltungstätigkeit der Mitarbeiter die automatisierte Datenerfassung und -verarbeitung durch ein integriertes Auftragsabwicklungssystem.

Im folgenden sollen daher die existierenden Methoden und Systeme der Auftragsabwicklung auf ihre Eignung zur Integration in ein durchgängiges, koordinierendes Gesamtsystem der Auftragsabwicklung untersucht werden.

2.2 Stand der Technik

Eine durchgängige Informationsverarbeitung berührt die unterschiedlichsten Systeme angefangen von der Auftragserfassung des Vertriebs im PPS-System, über die unternehmensinterne Produktionsplanung bis hin zur Auftragsausführung an den einzelnen Arbeitsplätzen. Da das Hauptaugenmerk dieser Arbeit auf dem Abwicklungsaspekt liegt, sollen in erster Linie die Methoden und Systeme zur Planung und Steuerung von Tätigkeiten als Stand der Technik untersucht werden.

2.2.1 Methoden der Ablaufplanung und -steuerung

Der klassische Fall einer kundenspezifischen Auftragsabwicklung über die betrieblichen Funktionsbereiche ist in Bild 2.3 gezeigt /Binn_92/. In einer Projektabteilung, die häufig der Konstruktion und Arbeitsplanung zugeordnet ist, wird zur Kundenanfrage auf der Basis von Erfahrungswerten eine Grobplanung durchgeführt. Das Ergebnis dieser Grobplanung sind z.B. Ecktermine zur Abschätzung der Lieferzeit und Listen mit Zukaufteilen, die aufgrund langer Lieferzeiten frühzeitig vom Einkauf bestellt werden müssen.

Nach Durchführung der Konstruktion und vollständiger Spezifikation aller Produktkomponenten wird der eigentliche Beschaffungsvorgang eingeleitet. Die Arbeitsplanung übernimmt diese Daten ebenfalls, um fertigungs- und montagespezifische Arbeitsunterlagen zu generieren. Nach der Durchführung der Arbeitsplanung übernimmt die Fertigungssteuerung die Aufgabe der Einplanung von Werkstattaufträgen und die Arbeitsverteilung an die einzelnen Fertigungs- und Montagebereiche.

Der Anstoß für den jeweiligen Arbeitsvorgang kommt dabei immer von der vorgelagerten Abteilung. Wenn diese Abteilung aus irgendeinem Grund ihre Aufgaben nicht termingerecht ausgeführt hat, ist keine Stelle im Betrieb dafür zuständig, die jetzt dafür sorgt, daß dieser Zeitverzug bei den verbleibenden Vorgängen aufgeholt wird /Binn_92/. Die Abteilungen des Fertigungsvorfeldes unterliegen hier also keiner Termin- oder Kostenverantwortung einer anderen Stelle gegenüber, was in der Regel eine Verlängerung der Durchlaufzeiten und eine Verschlechterung der Termineinhaltung zur Folge hat.

Maßnahmen, die Terminsituation zu verbessern, hat man folglich bereits in der Vergangenheit ergriffen. Der Schwerpunkt lag hier jedoch überwiegend auf dem organisatorischen Aspekt.

So kann die Effizienz eines Arbeitsablaufes verbessert werden, wenn alle für die Bearbeitung bestimmter Aufträge erforderlichen Mitarbeiter sowohl organisatorisch als auch räumlich zu einem **Auftragszentrum** zusammengefaßt werden. Kürzere Wege und eine eindeutige Abgrenzung der Verantwortungsbereiche verbessern hier den Informationsfluß zwischen den beteiligten Mitarbeitern. Eine gewisse Standardisierung von Abläufen und die Spezialisierung der Mitarbeiter vereinfacht und beschleunigt die Auftragsabwicklung. Voraussetzung zur Bildung eines Auftragszentrums ist jedoch eine bestimmte, regelmäßige Wiederholhäufigkeit sowie ein nicht zu großer Auftragsumfang dieser Auftrÿgsfälle, da sonst die Gefahr einer zu hohen bzw. zu niedrigen Kapazitätsauslastung des Auftragszentrums besteht /Ever_90/. Es handelt sich hier also um eine an Auftragsfällen orientierte Segmentierung der Organisation.

Eine weitere mögliche Maßnahme ist die Zentralisierung der Auftragssteuerung in einer **Auftragsleitstelle**. Sie stellt in diesem Fall das Bindeglied zwischen dem Vertrieb und den Teilbereichen der technischen Auftragsabwicklung dar. Sie unterrichtet den Vertrieb und die Unternehmensleitung über die aktuelle Termin- und Kapazitätssituation und nimmt den technischen Bereichen gegenüber die Funktion der Terminverfolgung wahr /Ever_90, Bran_68/. Die Effizienz einer Auftragsleitstelle kann jedoch beeinträchtigt werden, wenn beispielsweise aufgrund fehlender aussagekräftiger Daten zuwenig Rückmeldungen aus den Teilbereichen erfolgen. Dies kann, wie auch in der vorliegenden Arbeit vorgeschlagen wird, durch eine weitere hierarchisch-dezentrale Verteilung der Steuerungsaufgaben bis in die Fachbereiche vermieden werden.

Schließlich kann auch produktseitig durch eine **objektorientierte Gliederung** bzw. Segmentierung der Auftragsausführung die Durchlaufzeit verkürzt werden. Durch Verringerung der Arbeitsteiligkeit und Zusammenfassen einzelner Teilvorgänge einer Prozeßkette zu einem Arbeitsauftrag entfallen gegebenenfalls anteilsmäßig hohe Liegezeiten. Die funktionelle Spezialisierung der Mitarbeiter wird hier aber durch eine objektbezogene Spezialisierung ersetzt /Binn_92, Sche_90/. Damit steigt zwar die Abstimmungsfähigkeit innerhalb einer Vorgangskette, es entstehen aber neue Schnittstellen zu anderen Vorgangsketten. So sollten bestimmte Voraussetzungen, wie z.B. eine gliederungsfähige Produktstruktur, gegeben sein, um einen steigenden Abstimmungsbedarf zwischen den einzelnen Vorgangsketten und eine daraus resultierende Änderungshäufigkeit zu vermeiden.

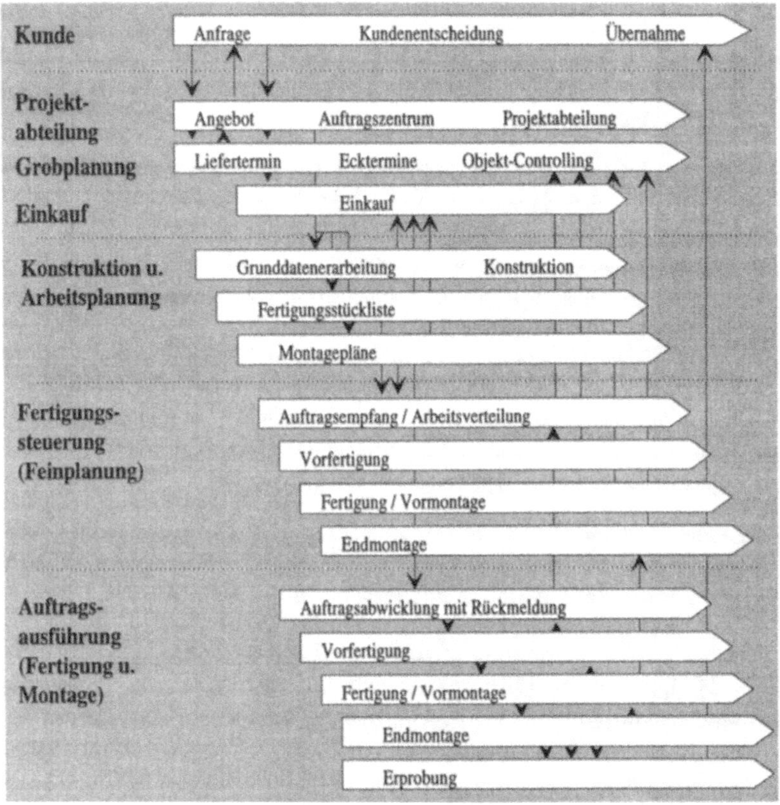

Bild 2.3: ***Konventionelle Auftragsabwicklung bei kundenspezifischer Einzel- und Kleinserienfertigung, nach /Binn_92/***

Gegebenenfalls können auch Kombinationen der dargelegten organisatorischen Maßnahmen Anwendung finden. Es sollte aber auch deutlich geworden sein, daß sich unabhängig von der Organisationsform immer organisatorische Schnittstellen ergeben. Zur Deckung des gegenseitigen Informationsbedarfes sind daher systemtechnische Maßnahmen zur Verbesserung der Koordination und Kommunikation in Erwägung zu ziehen. Die technischen Voraussetzungen sind aufgrund der Fortschritte in der Informationstechnik heute gegeben. Es ist zu prüfen, ob die in der Vergangenheit entstandenen Planungs- und Steuerungsinstrumente diesen Anforderungen gerecht werden.

2.2.2 Systeme zur Ablaufplanung und -steuerung

Ablaufplanungs- und -steuerungssysteme lassen sich nach HICHERT in die Kategorien Fertigungssteuerungs-, Projektmanagement- und Personalplanungssysteme einteilen (Bild 2.4) /Hich_80/.

Systeme zur Fertigungssteuerung

Systeme dieser Kategorie, wozu hier auch die klassischen PPS-Systeme zählen, sind schwerpunktmäßig auf die Fertigung ausgerichtet. Ihre Systematik konzentriert sich auf die Umsetzung eines Produktionsprogrammes bzw. von Kundenaufträgen in Fertigungs- und Beschaffungsaufträge /Hack_89, Wien_83/.

Konstruktions- und Arbeitsplanungsaufgaben werden im Rahmen der sogenannten Vorlaufsteuerungen meist nur in Hinblick auf die Bestimmung des Liefertermins betrachtet. Hierbei wird anhand von Standardeinteilungen der voraussichtliche Auftragszeitraum entweder von einem angenommenen Liefertermin rückwärts oder von einem angenommenen Beginnzeitpunkt vorwärts in meist recht grobe und sequentielle Zeitabschnitte eingeteilt. An deren Ende werden jeweils Ecktermine angesetzt. Nur etwa 15% der verfügbaren PPS-Systeme unterstützen die Aufgabeneinteilung im Fertigungsvorfeld durch Netzplandarstellungen, bei denen die tatsächlich erforderlichen Aufgaben überhaupt explizit dargestellt werden /Mies_87, Förs_87/.

Auch ein Blick auf die Stammdaten zeigt, daß die Grunddaten für eine durch Daten fundierte Auftragsplanung und -steuerung im Fertigungsvorfeld in der Regel nicht vorliegen.

- Die Kapazitätsmodelle erlauben lediglich eine Darstellung einzelner oder mehrerer gleichartiger, zu Gruppen zusammengefaßter Betriebsmittel. Eine weitergehende strukturelle Differenzierung zur Abbildung der unternehmensspezifischen Organisation ist dagegen meist nicht gegeben /Hich_80, Hack_89/.
- PPS-Systeme planen auf der Grundlage der vorliegenden auftragsbezogenen Daten sowie der teilebezogenen Stammdaten, die in den Bereichen der Konstruktion generiert und in das PPS-System eingegeben werden müssen /Lutz_88/. Die Ausrichtung der PPS-Systeme auf Fertigungs- bzw. Beschaffungsaufgaben hat zur Folge, daß oftmals nur die dafür relevanten Teiledaten, z.B. Stücklisten, Bestandteil der PPS-Stammdaten sind. Andere wesentliche Teiledaten wie z.B. Zeichnungen

und NC-Programme werden in vielen Fällen nicht durch die Teilestammdaten verwaltet.

Der zu geringe Detaillierungsgrad bei der Abbildung von Abläufen, Defizite bei der Darstellung von Kapazitätsstrukturen, fehlende Planungsgrunddaten sowie die an Planungszyklen gebundene Arbeitsweise der PPS-Systeme lassen diese für eine aktuelle, zeitorientierte Koordination von Konstruktions- und Arbeitsplanungsaufgaben ungeeignet erscheinen.

Projektmanagementsysteme

Projektmanagementsysteme ermöglichen aufgrund ihrer detaillierteren und meist konfigurierbaren Auftrags- und Kapazitätsmodelle eine gegenüber den PPS-Systemen realitätsgerechtere Abbildung von Konstruktions- und Planungsaufgaben /Plat_86, Rein_80/. Graduelle Unterschiede sind allerdings auch hier erkennbar, indem manche Systeme von vornherein nur für die Abwicklung von Einzelprojekten konzipiert sind. Mehrprojektplanungssysteme, von denen einige als spezielle Terminplanungssysteme für die Konstruktion entwickelt wurden (z.B. Termikon, Miniplan, Framework), bieten weitreichende Funktionalität auf der Auftrags- und Kapazitätsseite beispielsweise durch

- Termin- und Kapazitätsplanung auf Netzplanbasis mit der Möglichkeit einer sukzessiven Netzplandetaillierung,
- Hierarchisch aufgebaute Mitarbeiterstrukturen,
- Differenzierung nach permanenten und temporären, d.h. projektbezogenen Mitarbeiterstrukturen,
- Module zur Unterstützung der Planwertfindung,
- Module zur aufwands- und mengenproportionalen Anzeige von voraussichtlichen Projektverläufen sowie zum Soll-Ist-Vergleich /Hich_80, Rein_80/.

Aufgrund des mangelnden "Objektbezugs", d.h. Bezug zum Arbeitsfortschritt an den Teiledaten, kann diesen Systemen dennoch nur eine Eignung für längerfristige Planungs-, nicht aber für kurzfristige Koordinationsaufgaben zugestanden werden. Folgende Kritikpunkte sind anzuführen:

- Der manuelle Eingabeaufwand belastet die Mitarbeiter mit Verwaltungsaufgaben. Die Mehrzahl der Projektmanagementsysteme ist nur als Einplatzsystem ausgelegt und daher nicht ausreichend integrationsfähig. Ein direkter Zugriff der Projektbeteiligten auf zentrale Daten, z.B. redundanzfreie Spezifikationsdaten, ist nicht möglich.

	Systeme zur Fertigungssteuerung	Projektplanungs- und -steuerungssysteme	Personalplanungssysteme
überwiegender Einsatzbereich	Teilefertigung und Montage in der Industrie	(Groß-) Projektplanung z.B. im Anlagenbau, Produktentwicklung, Bauwesen	Planung personalintensiver Abteilungen, z.B. Programmierung, Konstruktion
Modellvorstellung über Aufträge	Vielzahl von Aufträgen (Teilen), lineare Arbeitsgangsfolgen	Ein oder wenige Projekte, relativ tiefe Struktur mit stark vernetztem Aufbau	Große Anzahl kleinerer Projekte mit einheitlicher Struktur und geringem Vernetzungsgrad
Ziele der Planung	Optimale Kapazitätsauslastung durch geeignete Bearbeitungsreihenfolge	Termin- und Kosteneinhaltung des Projekts durch Kapazitätsanpassung	Optimale Kapazitätsplanung und frühzeitiges Erkennen von Terminverschiebungen
Planungshorizont	Tage und Wochen	Monate und Jahre	Wochen und Monate
Planungszyklus	täglich bis wöchentlich	monatlich und bei Störungen manuell	wöchentlich bis monatlich
Modellvorstellung über Kapazitäten	Maschinen und Maschinengruppen, Handarbeitsplätze	verschiedene Ressourcen (Arbeitsgruppen, Entwicklungsabteilungen, Maschinen)	Personen und evtl. Personengruppen
Planungsmodelle und -verfahren	Splitten und Überlappen von Vorgängen, fixe Höhe des Kapazitätsbedarfes, Vergabe fixer Bearbeitungsdauern, Übergangszeitenmatrix	Meilensteintermine, Kostenbudgets, grafische Netzplandarstellungen, verschiedene Anordnungsbeziehungen Pufferberechnungen	Vorgabe des Stundenvolumens, umfangreiche Soll-Ist-Vergleiche, personenbezogene Planung, externe und interne Kostensätze

Bild 2.4: Kategorien der Ablaufplanungs- und -steuerungssysteme /Hich_80/

- Ein Planungs- und Steuerungssystem mit überholten Daten erreicht bei den Mitarbeitern nicht die notwendige Akzeptanz.
- Es wird häufig nur zwischen belastenden (Aufträge) und belasteten Größen (Kapazitäten) unterschieden, wobei die Aufträge implizit durch ihr Auftragsergebnis (z.B. Datenträger und Datenträgerstrukturen in Termikon) definiert werden /Bull_76/. Aufgrund der vorhandenen Netzbeziehungen entsteht eine logisch rein vorwärtsgerichtete Verkettung einzelner Tätigkeiten. Eine weitergehende Darstellung von z.T. nicht planbaren Beziehungen, z.B. bei der Bearbeitung von abhängigen

Teiledaten, zur Unterstützung von Rückkopplungsmechanismen oder Austauschmechanismen zwischen parallelen Vorgängen ist auf dieser Basis nicht möglich.

Die Planungssystematik der Projektmanagementsysteme orientiert sich wie auch die der PPS-Systeme an der längerfristigen Planung in Planungszyklen. Sie eignet sich nicht zur Abwicklung kurzfristiger, ereignisorientierter Vorgänge.

Personalplanungssysteme

Systeme zur Personaleinsatzplanung setzen ihren Schwerpunkt auf die Arbeitsverteilung bei überwiegend tätigkeitsorientierten, wenig komplexen und wenig vernetzten Aufgaben /Hich_80/. Der Objektbezug fehlt hier meist ebenso wie bei den Projektmanagementsystemen.

2.2.3 Neuere Ansätze einer integrierten Auftragsabwicklung

Die in der Literatur beschriebenen Ansätze zur Planung und Steuerung einer durchgängigen und informationstechnisch integrierten Auftragsabwicklung zeigen sich zweigeteilt. Die Arbeiten von SCHEER, GRABOWSKI und SÜSSENGUTH und anderen weisen einen Grundlagencharakter hinsichtlich der Darstellung innerbetrieblicher Funktionsketten und Informationsflüsse auf. Hierbei steht die Modellbildung deutlich im Vordergrund. Andere Arbeiten, wie beispielsweise von GROß, enthalten bereits konkret ausgeführte Beispiele einer integrierten Auftragsabwicklung, allerdings liegt hier das Augenmerk meist nicht auf den informationsverarbeitenden Prozessen der Konstruktion und Arbeitsplanung, sondern auf der Planung von Montage- oder Fertigungsabläufen. Ausnahmen sind hier das System DOKMAN des WZL (TH Aachen) und die Arbeiten von SCHÖPF.

SCHEER stellte ein Konzept (INMAS = Interface Management System) vor, betriebliche Abläufe und den damit verbundenen Informationsfluß durch sogenannte Vorgangsketten zu steuern. Das Konzept beinhaltet die Darstellung von Teilen und Teiledaten als Meta-Daten in einer systemübergeordneten, anwendungsneutralen Datenbank. Durch Aktionen des Anwenders oder eintretende Ereignisse werden die in einer Ablaufsteuerung festgelegten, teilebezogenen Datentransfers ausgelöst. Dabei wird schwerpunktmäßig der Datentransfer beschrieben, Funktionen zur Planung der Vorgangsketten hingegen nicht. Die Vorgangsketten sind rein zustandsgesteuert und beinhalten keine Planzeitwerte, welche für eine frühzeitige Terminaussage oder zur Überwachung von Abläufen in Hinblick auf einen vorgegebenen Liefertermin notwendig wären /Sche_90/.

Von GRABOWSKI wird ein Modell (PRISMA) zur Planung informationsverarbeitender Prozeßketten vorgestellt. Die unternehmensspezifische Generierung und Darstellung dieser Prozeßketten wird dabei durch ein mit SADT dargestelltes, funktionales Referenzmodell unterstützt. Die so erstellten Funktionsfolgen sollen anschließend mit einer Petri-Netz basierten, zeitbehafteten Darstellung verknüpft werden, um sie unter zeitlich-betriebswirtschaftlichen Gesichtspunkten bewerten und untereinander vergleichen zu können. Vorgestellt wird hier also ein Planungswerkzeug zur Planung und Bewertung informationsverarbeitender Prozesse. Hinweise darauf, ob die Funktionsabläufe zur Auftragsplanung oder -steuerung zu verwenden sind, werden nicht gegeben. Auch die Funktionen von PRISMA selbst werden nicht beschrieben /Grab_91, Grab_90/.

In Hinblick auf die Planung und Einführung rechnerintegrierter Produktionsprozesse stellt SÜSSENGUTH eine Vorgehensweise zur Modellierung der Grundgrößen "Produkt", "Auftrag" und "Ressource" der innerbetrieblichen Auftragsabwicklung vor. Eine Modellsichtweise "Funktionsmodell" stellt die an den Objekten auszuführenden Funktionen in den Betrachtungsmittelpunkt. Die Modellbeschreibung erfolgt auf relativ abstraktem Niveau, was eine Umsetzung der gewonnenen Ergebnisse erschwert. Die gelegentliche Einordnung von Teileinformationen und Auftragspapieren in die Datenklasse "Ressource" zeigt die Schwierigkeit des allgemeinen Modells, Fertigungsabläufe und Prozesse der Datengenerierung gleichermaßen zu berücksichtigen /Süss_91/.

Grundlagencharakter haben auch die Arbeiten von KRAUSE, ARMBRUST und BIENERT im Rahmen des Sonderforschungsbereiches 203 der TU Berlin. Es wird ein Modell zur Verknüpfung von geometrieorientierten und administrativen Daten vorgestellt. Basis des vorgestellten Informationssystems sind eine Modelldatenbank zur Darstellung von produktdefinierenden Daten und eine Methodendatenbank zur Darstellung der dafür notwendigen Verarbeitungsverfahren. Lösungen zur Durchführung der Auftragsplanung werden allerdings nicht gegeben /Krau_88/.

Auch die Arbeiten zum zukünftigen, produktmodellorientierten Schnittstellenstandard STEP (Standard for the exchange of product model data) beinhalten Modellkomponenten zur Beschreibung ablauforientierter Aspekte der Produktdatenerstellung. Es sind dies die Partialmodelle GPDM (Generic Product Data Model) und PSCM (Product Structure Configuration Management) zur Beschreibung von Struktur- und Versionsdaten, sowie ein "Life Cycle Model" zur Beschreibung von Zwischenzuständen eines Werkstücks auf dem Weg vom Rohteil zum Fertigteil. Ein "Miscellaneous Model" beinhaltet ablauforganisatorisch relevante Daten wie z.B. den Ersteller und das Erstelldatum einer Teileinformation. Schwerpunkt bleibt hier aber natürlich die Abbildung von produktbezogenen Daten, auf die Planungs- und Steuerungsprozesse der Datengenerierung wird nicht eingegangen /Marc_89, Grab_92/.

Die Untersuchungen von LUCZAK haben nicht so sehr die Auftragsabwicklung selbst zum Gegenstand, beinhalten aber interessante Ansätze zur Optimierung von Organisationsstrukturen in der Konstruktion in Abhängigkeit empirisch ermittelter Aufgabenstrukturen /Lucz_90/.

GROß beschreibt eine Vorgehensweise zur kundenspezifischen Auftragskonfiguration bei komplexen, variantenreichen Produkten und darauf aufbauend ein Verfahren zur automatischen Generierung von reihenfolgeflexiblen Montagenetzplänen. Dabei wird eine entsprechende Produktsystematik vorausgesetzt, so daß aufgrund der Kombinierbarkeit der Produktkomponenten konstruktive und arbeitsplanerische Aufgaben nicht berücksichtigt werden /Groß_92/.

In der Arbeit von LUTZ werden grundlegende Strukturen eines rechnerintegrierten Auftragsabwicklungssystems vorgestellt. Der Schwerpunkt liegt hier auf der von einem Leitsystem koordinierten Abwicklung von Fertigungsaufgaben durch autonome Elemente eines flexiblen Fertigungsystems. Für das Fertigungsvorfeld werden die Aufgaben einer in Schichten aufgebauten Integrationskomponente definiert. Lösungsansätze zur Integration auftrags- und objektbezogener Datensichten werden nicht gegeben, ebensowenig eine Beschreibung der Funktionen einer Leitstelle im Fertigungsvorfeld /Lutz_88/.

SCHÖPF hat im Rahmen des Sonderforschungsbereiches 336 der TU München ein Projektleitsystem entwickelt, das die Koordination von Entwicklungstätigkeiten bei Serienprodukten zum Ziel hat. Im Unterschied zur kundenspezifischen Auftragsabwicklung (Einzelfertigung variantenreicher Produkte) ist hier in der Regel parallel zum Produkt auch das Produktionssystem zu entwickeln. Aufgrund des geringeren Determinismus beinhaltet das Konzept keine Planung z.B. hinsichtlich eines Liefertermins und eine rein zustandsgesteuerte Auftragssteuerung. Zum Zeitpunkt der Fertigstellung von Teiledaten melden sich diese bei allen nachfolgenden Aufgaben, für die sie benötigt werden, an /Schö_91/.

DRÄGER beschäftigt sich im Rahmen des Sonderforschungsbereiches 300 der Universität Hannover mit der Steuerung und Überwachung des Auftragsdurchlaufes durch die Betriebsmittelkonstruktion. Auf der Basis von Durchlaufdiagrammen der belastungsorientierten Fertigungssteuerung werden Kennzahlen und Diagramme zur Beurteilung der Terminsituation im Betriebsmittelbau angegeben. Aspekte der Auftragskonfiguration und -planung werden nicht betrachtet /Dräg_91/.

Da ein durchgängiges informationsverarbeitendes Konzept zur Koordination von Konstruktions- und Planungsaufgaben nicht bekannt ist, soll im folgenden der Begriff der Auftragsleittechnik eingeführt werden.

2.3 Begriff der Auftragsleittechnik

Der Begriff der Leittechnik ist seit längerem gebräuchlich in der Verfahrenstechnik und hat Eingang gefunden in die industrielle Stückgutproduktion in Form der Fertigungsleittechnik. Die Übertragung des Begriffs auf weitere z.B. rein informationsverarbeitende Bereiche läßt eine Begriffsbestimmung angebracht erscheinen.

Nach DIN 19222 bezeichnet Leiten die Gesamtheit aller Maßnahmen, die einen im Sinne festgelegter Ziele erwünschten Ablauf eines Prozesses ermöglichen soll. Ein Prozeß ist hierbei eine Gesamtheit von aufeinander einwirkenden Vorgängen in einem System, durch die Materie, Energie oder Information umgeformt, transportiert oder gespeichert wird. Die Leiteinrichtung umfaßt alle für die Aufgabe des Leitens verwendeten Programme oder Hilfsmittel sowie im weitesten Sinne auch Anweisungen und Vorschriften /DIN_19222/. Als Leittechnik können somit alle Methoden und Verfahren aufgefaßt werden, die der Ausübung der Leitfunktion dienlich sind. Die Hierarchisierung von Prozessen und Systemen ist zwar kein Wesensbestandteil der Leittechnik, aber zumindest eine oft angewandte strukturelle Maßnahme, um Teilprozesse entsprechend einer bestimmten Zielsetzung ausrichten zu können.

In Vorbereitung zu einer Überarbeitung dieser Norm wurde u.a. vom ZVEI (Zentralverband der Elektroindustrie) eine Einteilung leittechnischer Begriffe für die industrielle Herstellung von Gütern getroffen /Ahre_89, Götz_90/. Die vom ZVEI als Gliederungs-

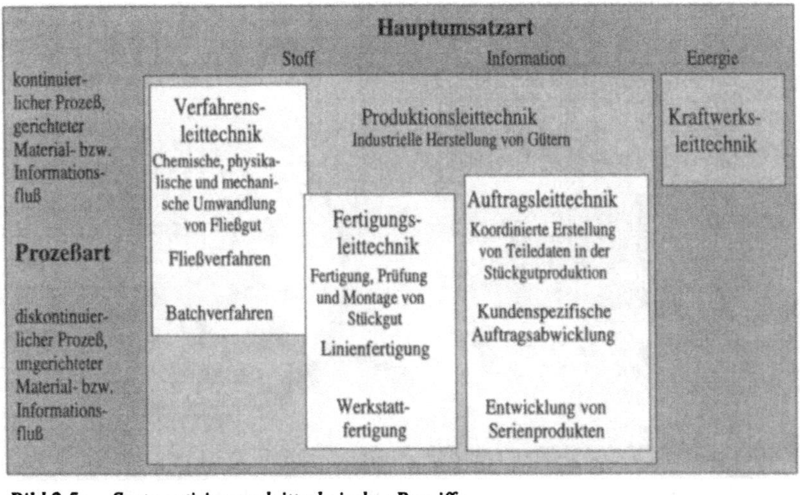

Bild 2.5: Systematisierung leittechnischer Begriffe

merkmal verwendete Prozeßart beschreibt im wesentlichen aber nur das Zeitverhalten eines Prozesses (kontinuierlich, diskontinuierlich). Zur Übertragung des Leittechnikbegriffs auf informationsverarbeitende Prozesse soll daher in Anlehnung an die Systemtechnik als weiteres Kriterium die Hauptumsatzart herangezogen werden (Bild 2.5).

Unter Auftragsleittechnik soll somit der rechnerunterstützte, unter Zeit-, Kosten- und Qualitätsgesichtspunkten koordinierte Umsatz von Information im Fertigungsvorfeld zum Zwecke der Stückgutproduktion zu verstehen sein. Die Auftragsleittechnik ist ein Bestandteil der Produktionsleittechnik, welche alle Kategorien der Leittechnik zur industriellen Herstellung von Gütern vereint. Die Auftragsleittechnik hat ihre Schnittstelle zu den Kategorien der "Fertigungsleittechnik" dort, wo der Informationsfluß nur mehr der mengen-, termin- und qualitätsgerechten Verarbeitung des Materialflusses dient.

2.4 Ziele der Auftragsleittechnik

Der Auftragsleittechnik fällt im Rahmen der kundenspezifischen Auftragsabwicklung die Aufgabe zu, die Erarbeitung von Teiledaten und Erstellung von Arbeitsunterlagen im Vorfeld der Fertigung zu planen, zu überwachen und zu steuern (Bild 2.6). Im Gegensatz zu der bisher üblichen bereichsbezogenen Sichtweise steht dabei die be-

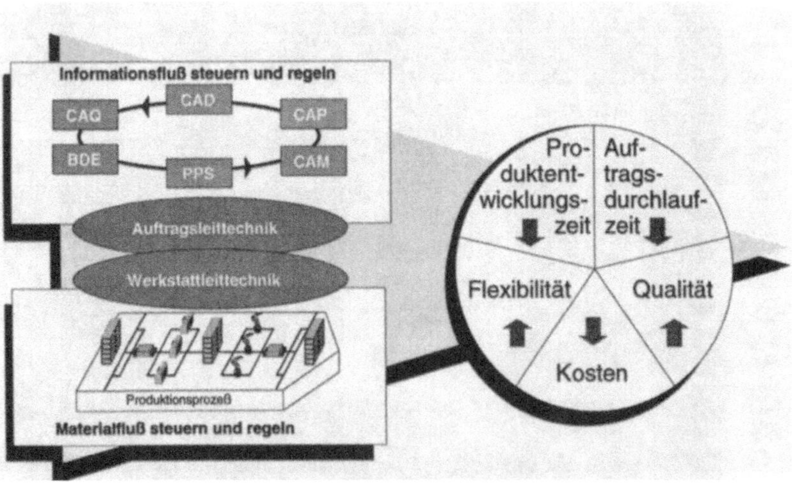

Bild 2.6: Die Auftragsleittechnik ergänzt die Werkstattleittechnik bei der Umsetzung bereichsübergreifender Unternehmensziele

reichsübergreifende Ausrichtung einzelner Teilaufgaben auf übergeordnete Zielgrößen im Vordergrund:

- In der Summe kurze Durchlaufzeiten
- Auswahl und Umsetzung der insgesamt kostengünstigsten Lösung
- Einhaltung der gewünschten Qualitäts- und Leistungsmerkmale

Zu beachten ist, daß bei der kundenspezifischen Konstruktion die Zielgrößen des einzelnen Auftrags zum Teil durch konkrete Vorgaben, wie z.B. Liefertermin, Kostenrahmen und Leistungsmerkmale des Produkts, vom Kunden formuliert werden.

Es ist das Anliegen der Auftragsleittechnik, diese Zielgrößen mithilfe reproduzierbarer Methoden und durchgängiger Informationsverarbeitung in Rahmenvorgaben für einzelne Teilaufgaben umzusetzen und deren Ausführung in Hinblick auf die genannten Zielgrößen zu koordinieren. Die Unsicherheiten, welche aufgrund möglicher Spezifikationsänderungen des Kunden oder aufgrund des offenen Problemlösungsprozesses im Fertigungsvorfeld bestehen, sind durch entsprechende organisatorische und systemtechnische Flexibilität zu berücksichtigen.

2.5 Einordnung der Auftragsleittechnik innerhalb der rechnerintegrierten Produktion

2.5.1 Einordnung der Auftragsleitstelle

Die Auftragsleitstelle wirkt in ablauforganisatorischer Hinsicht als Bindeglied zwischen Vertrieb und Produktionsplanung sowie Konstruktion und Arbeitsplanung im Fall der kundenspezifischen Produkterstellung (Bild 2.7). Sie übernimmt ausgehend von den Anforderungen des Kundenauftrags eine erste inhaltliche Auftragskonkretisierung (Umsetzung der Kundenanforderungen in Teilaufgaben) sowie erste Schritte der Auftragseinplanung (Rahmenplanung durch Vorgabe von Eckterminen und Kostenrahmen). Diese Aufgaben können durch Verwendung des einheitlichen Hilfsmittels 'Auftragsleitsystem' mit Unterstützung durch die Fachabteilungen ausgeführt werden. In der Abwicklungsphase koordiniert die Auftragsleitstelle aufgrund der Rück- und Zwischenmeldungen das Zusammenspiel der einzelnen Teilbereiche z.B. im Änderungsfall oder bei Über- und Unterschreitung der von ihr vorgegebenen Rahmenvorgaben.

Der Wirkungsbereich der Auftragsleitstelle ist damit auf der dispositiven (planenden) und auf der operativen Ebene (Umsetzung der Planung) einzuordnen /Ahre_89/. Der hierarchisch dezentrale Ansatz der Auftragsleittechnik läßt allerdings zu, daß die pla-

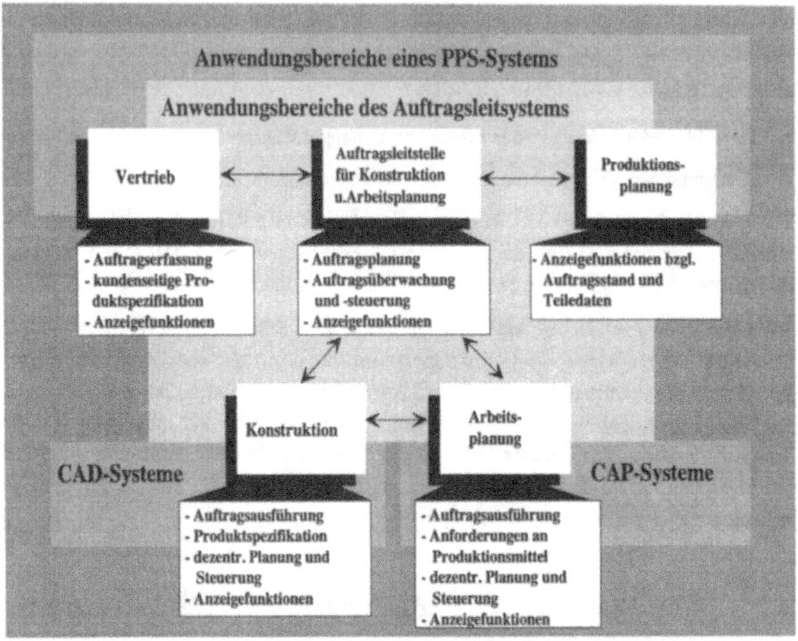

Bild 2.7: Ablauforganisatorische Einordnung einer Auftragsleitstelle für Konstruktion und Arbeitsplanung

nenden wie koordinierenden Maßnahmen von den einzelnen Fachbereichen innerhalb des vorgegebenen Spielraumes weiter fortgesetzt werden. Die Schnittstelle zur ausführenden Ebene sind detaillierte, am CA-System ausführbare Einzelaufträge.

2.5.2 Einordnung des Auftragsleitsystems

Das Auftragsleitsystem (im folgenden oft auch mit ALS abgekürzt) ist das Planungs- und Steuerungsinstrument der Auftragsleitstelle. In dieser Eigenschaft beinhaltet es die in Kapitel 4 beschriebenen Funktionen zur Unterstützung der Auftragsplanung sowie der Auftragsüberwachung und -steuerung.

Eine Reihe von Funktionen sind aber auch zur Anwendung für andere Stellen gedacht oder können optional von diesen Stellen verwendet werden.

- Funktionen zur Bearbeitung von Spezifikationen. Die Produktspezifikation erfolgt bezüglich der Kundenwünsche im Normalfall durch den Vertrieb, im übrigen durch die Konstruktion. Da u.U. aber auch technische Randbedingungen bezüglich der

Produktionsanlagen (Betriebsmittel, Vorrichtungen, Werkzeuge usw.) zu spezifizieren und darüberhinaus die Spezifikationen jedem der Projektbeteiligten zugänglich sein sollten, steht der entsprechende Funktionsumfang allgemein zur Verfügung. In der Praxis sind dann nachfolgend differenzierte Lese- und Schreibrechte zu vergeben.

- Anzeigefunktionen zur Darstellung des Bearbeitungsstandes im Fertigungsvorfeld
- Kommunikationsfunktionen
- Funktionen zur Unterstützung der Auftragsausführung, die in die CA-Systeme integriert den Mitarbeitern der Konstruktion und Arbeitsplanung zur Verfügung stehen (Kapitel 5).

Das Auftragsleitsystem (ALS) nimmt also über die Planungs- und Steuerungsfunktion hinaus in systemtechnischer Hinsicht eine Schnittstellenfunktion wahr. So verknüpft die Datenstruktur des ALS auftragsbezogene, produkt- und produktionsmittelbezogene sowie mitarbeiterbezogene Daten auf der Basis einer logisch zentralen Datenbank (Bild 2.8). Die für die Auftragsabwicklung bislang in PPS- oder CA-Systemen nicht abbildbaren ablauforganisatorischen Informationen (z.B. der Bearbeitungszustand einer Geo-

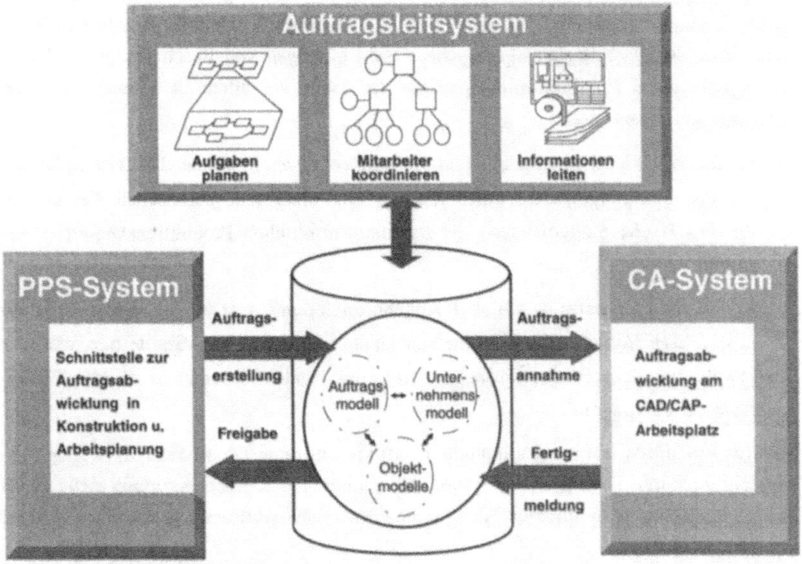

Bild 2.8: Das Auftragsleitsystem als Arbeitsplatz der rechnerunterstützten Auftragsleitstelle und integrierende Systemkomponente

metrie) oder fehlende Strukturzusammenhänge (welche Teilinformationen liegen zu einem Bauteil vor?) werden vom Datenmodell des ALS zur Verfügung gestellt. Die Geometrie- und Technologiedaten an sich sind hingegen nicht Bestandteil dieser Datenbank. Zur Wahrung des Objektbezugs werden vom ALS Referenzen auf die in den Einzelsystemen vorliegenden Originaldaten verwaltet. Das ALS beinhaltet weiterhin Datenstrukturen zur Erfüllung seiner eigenen Funktionalität, so z.B. zur Darstellung von Spezifikationen, von objektbezogenen Planungsgrunddaten sowie von Auftrags- und Mitarbeiterstrukturen.

Da eine Reihe von Daten auch physisch zwischen den an der Auftragsabwicklung beteiligten Systemen transferiert werden müssen, kann die Datenstruktur des ALS zudem als neutrales Format bei der Übertragung dieser Daten genutzt werden. Beispielsweise kann eine im CAD-System generierte Stückliste als vorläufige Stückliste im Objektmodell des ALS hinterlegt werden, um nachfolgend durch eine (vorgezogene oder endgültige) Freigabe in den Datenbestand des PPS-Systems übernommen zu werden. Der wesentliche Vorteil dieser Vorgehensweise gegenüber dem Datentransfer mithilfe von Dateien oder der Direktübertragung besteht in der ablauforganisatorischen Kontrollmöglichkeit der Übertragungsvorgänge.

Notwendig erscheint insbesondere eine Abgrenzung der Aufgaben des Auftragsleitsystems gegenüber einem PPS-System. Das ALS übernimmt nur die Planung von Konstruktions- und Arbeitsplanungsaufgaben, nicht hingegen von Beschaffungs- und Fertigungsaufträgen. Ein Abstimmungsbedarf ist daher vor allem in Hinsicht auf den Liefertermin notwendig.

- Ist durch das PPS-System ein Liefertermin vorgegeben, so hat die Terminplanung für das Fertigungsvorfeld unter Abschätzung einer teilespezifischen Fertigungsdurchlauf- und Sicherheitszeit bis zu einem ermittelten Produktionsbeginn zu erfolgen.
- Sollte ein Liefertermin, z.B. bei Angebotserstellung, erst zu bestimmen sein, so erfolgt eine Vorwärtsterminierung von einem angenommenen Starttermin aus. Der jeweils mögliche Produktionsbeginn bzw. das Produktionsende ist in das PPS-System zu übertragen.

Sollten bei dieser Terminabstimmung Konflikte auftreten (Zeitspanne im Fertigungsvorfeld zu kurz), so sollte er aufgrund der zahlreichen Randbedingungen nicht durch Software, sondern in direkter Abstimmung zwischen Auftragsleitstelle und Vertrieb geklärt werden.

In Hinblick auf die Daten stellen die Teilestammdaten des PPS-Systems nach wie vor den maßgeblich gültigen Teildatenbestand dar. Das ALS beinhaltet im wesentlichen nur Struktur- und Referenzdaten. Spezifische Dateiinhalte, die über die Datenbank des ALS hinweg in das PPS-System übertragen werden, sollten nach Auftragsabschluß gelöscht oder entsprechend gekennzeichnet werden.

2.6 Aufgaben der Auftragsleittechnik

Der angesprochene Umsetzungsprozeß ist nur durch eine Reihe von sich ergänzenden Aufgabenkomplexen zu erfüllen (Bild 2.9). Wahrgenommen wird die Koordinationsaufgabe in erster Linie von der Auftragsleitstelle, der als permanent eingerichtete Institution die bereichsübergreifende Planung, Überwachung und Steuerung des Auftragsdurchlaufes zukommt. Die Funktionen sind allerdings innerhalb der Fachbereiche von den entsprechenden Stellen mit identischen Hilfsmitteln fortzusetzen. Dieses Konzept der hierarchisch dezentralen Planung und Steuerung soll sicherstellen, daß die Koordinationsaufgaben realitätsnah, schnell und nicht an den Mitarbeitern (den Trägern der Fachkompetenz) vorbei ausgeübt werden.

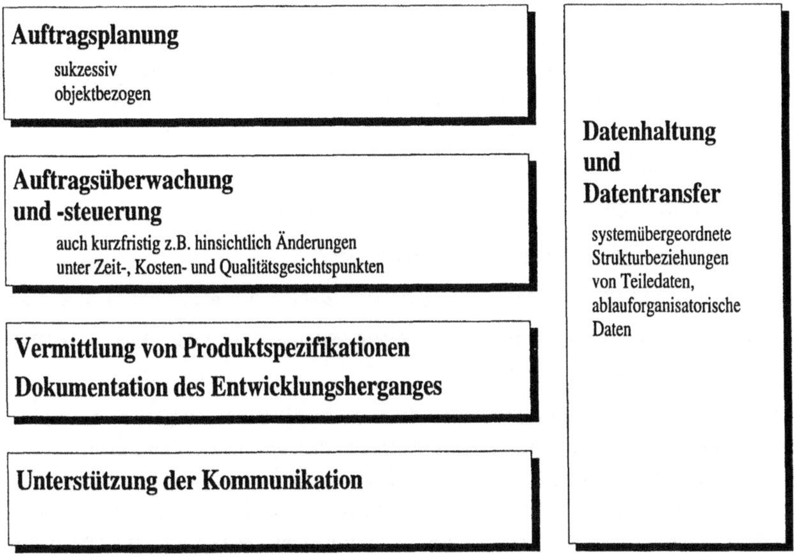

Bild 2.9: Aufgabenbereiche eines Auftragsleitsystems

Die Mitarbeiter vor Ort wirken an diesem Abwicklungssystem mit, indem sie die Komponenten zur Kommunikation und Produktspezifikation nutzen, die bereichsübergreifende Verfügbarkeit von Information durch automatisierte Rückmeldungen zulassen und unterstützen.

In Anlehnung an die für die Produktionsplanung üblichen Bezeichnungen sind daher folgende Aufgabenbereiche zu nennen /Hack_89/:

- Auftragsplanung
- Auftragsüberwachung und -steuerung
- Vermittlung der durch Vertrieb und Konstruktion erstellten Produktspezifikationen sowie Dokumentation des Produktdatenerstellungsprozesses
- Unterstützung der Kommunikation
- Datenhaltung und -transfer

2.6.1 Auftragsplanung

Ausgehend von der Anforderung, daß ein Auftragsleitsystem eine durchgängige Unterstützung des Abwicklungsprozesses gewähren sollte, setzt die Auftragsplanung nach der Erfassung des Kundenauftrags bzw. -angebots durch das PPS-System ein (Bild 2.10). Auf die vorliegenden Daten kann mittels einer Schnittstelle Bezug genommmen werden Im einzelnen handelt es sich um:

- Allgemeine Auftragsdaten (Auftragsnummer, Liefertermin, Auftragsart, usw.)
- Kundendaten (Kundennummer, Ansprechpartner)
- Produktbezogene Daten der Auftragsposition (Teilenummer des Produkts, Stückzahl)
- Vereinbarte Leistungsmerkmale im Positionsbegleittext (geht dem Kunden im Rahmen der Auftragsbestätigung zu)

Diese Daten sind die Ausgangsbasis für die sich anschließende **Aufgabenplanung**. Da kundenspezifische Auftragsabwicklung bedeutet, daß ein neues, kundenindividuelles Erzeugnis bestellt wurde, ist zunächst zu klären, welche Komponenten neu zu konstruieren oder anzupassen sind, um die geforderten Leistungsmerkmale zu realisieren. Dabei sollten existierende Teilestämme zu Informationszwecken und zur Übernahme von Planungsgrunddaten heranzuziehen sein. Dies wird vom Auftragsleitsystem durch systematische Bearbeitung der Produktstrukturen bis auf Einzelteilebene und Editieren von Spezifikationen unterstützt.

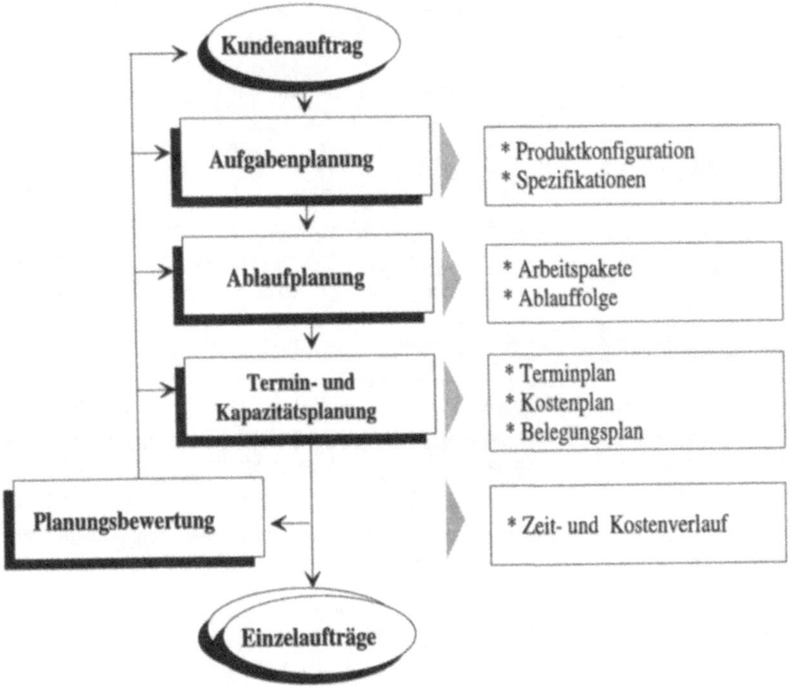

Bild 2.10: Stufen der Auftragsplanung, nach [Plat_86]

Im Rahmen der **Ablaufplanung** sind die Tätigkeiten der Produktdatenerstellung und deren Reihenfolge festzulegen. Dafür können in Form von Netzplänen dargestellte Standardablauffolgen herangezogen werden, die auftragsindividuell und situationsspezifisch zu konfigurieren sind. Die beim Editieren von Auftragsnetzplänen u.U. aufwendige Aktualisierung von Zeitwerten und Anordnungsbeziehungen wird durch grafisch interaktive Zuordnung der zu bearbeitenden Objekte wesentlich vereinfacht.

Durch die Vergabe von Arbeitspaketen an Kapazitätsstellen wird eine **Termin- und Kapazitätsplanung** möglich. In Hinblick auf eine realistische Terminabschätzung ist dabei zwischen der eigentlichen Bearbeitungszeit (Zeitaufwand) und der Durchlaufzeit des Auftrags an der jeweiligen Arbeitsstation zu unterscheiden. Das Ergebnis der Termin- und Kapazitätsplanung sind Rahmenterminvorgaben und voraussichtliche Kapazitätsbelastungen auf den unterschiedlichen Planungsebenen. Die Vorgänge der Ablaufplanung sowie der sich anschließenden Termin- und Kapazitätsplanung sollten also entsprechend der sukzessiv detaillierbaren Darstellung der Auftragsnetze für die einzelnen Teilauftragsnetze zu wiederholen sein. Folgende Reihenfolge ist dabei vorgesehen:

- Grobplanung der Auftragsleitstelle auf Bereichsebene mit Vergabe von Eckterminen und Eckwerten für Produktdatenerstellungskosten (aufgrund der Zeitaufwände und durchschnittlicher Verrechnungssätze)
- Detailplanung auf der nächsten Stufe (Fachbereiche) durch Detaillierung des Auftragsnetzes und Aufgabenverteilung durch Objektzuordnung. Die Terminplanung erfolgt innerhalb der Eckwerte der vorangegangenen Planungsstufe. Dabei sind vorausgehende Teilnetze zuerst und nachfolgende Teilnetze zu einem späteren Zeitpunkt getrennt und dezentral einzuplanen.

Die hierarchischen Strukturen des Auftrags- und Kapazitätsmodells müssen gegen Inkonsistenz aufgrund der nachfolgenden Detailplanung geschützt werden. Dies kann durch Aktualisierungsmechanismen der Datenmodelle in vertikaler Richtung realisiert werden. Maßnahmen bei der Überschreitungen der mit Sicherheitszeiten versehenen Eckwerte der vorangegangenen Planungsebene sollten allerdings nicht automatisch ausgeführt werden. Entsprechende Planungsvorgänge sind der übergeordneten Planungsebene zu melden und von dieser zu bestätigen.

Um mögliche Alternativen frühzeitig hinsichtlich der termin- und kostenmäßigen Unterschiede beurteilen zu können, sollten Hilfsmittel zur **Planungsbewertung** zur Verfügung gestellt werden. Dabei können z.B. Summenkurven die voraussichtlichen Zeit- und Kostenverläufe alternativer Auftragskonfigurationen grafisch darstellen

2.6.2 Auftragsüberwachung und -steuerung

Der Prozeß der Auftragssteuerung setzt ein, indem einzelne Aufträge veranlaßt d.h. zur Bearbeitung freigegeben werden. Dies kann sowohl manuell durch übergeordnete Stellen als auch automatisiert aufgrund der aktuellen Auftragssituation geschehen (zustandsgesteuerte Auftragsveranlassung), da dem betreffenden Mitarbeiter ohnehin nur durch einen Statuswechsel und das Versenden einer Nachricht der Wechsel der Zuständigkeit signalisiert wird. Der Mitarbeiter bleibt aber das aktive Element zum Einlesen der Auftrags- und Objektdaten am CA-System.

Während der Auftragsbearbeitung erfolgen Rückmeldungen an die übergeordnete Koordinationseinheit. Dies kann in freien Zeitabständen oder bei Abschluß eines Auftrags erfolgen, wobei hier natürlich nach dem weiteren Bearbeitungsstatus zu differenzieren ist. Dabei wird vom Bearbeiter eine Restbearbeitungszeit zurückgegeben, die zur mitlaufenden Überwachung des Auftrags auf Zeitverzug herangezogen werden kann (Bild

2.11). Die bei der Auftragsplanung wirksamen Regelkreise sind also auch Bestandteil der Auftragsüberwachung. Überschreitet der rückgemeldete Fertigstellungstermin eines Teilnetzplans den geplanten Ecktermin, löst dies eine Mitteilung an die übergeordnete Koordinationseinheit aus, die ihrerseits Steuerungsmaßnahmen oder eine Umplanung nachfolgender Teilaufgaben ergreifen kann.

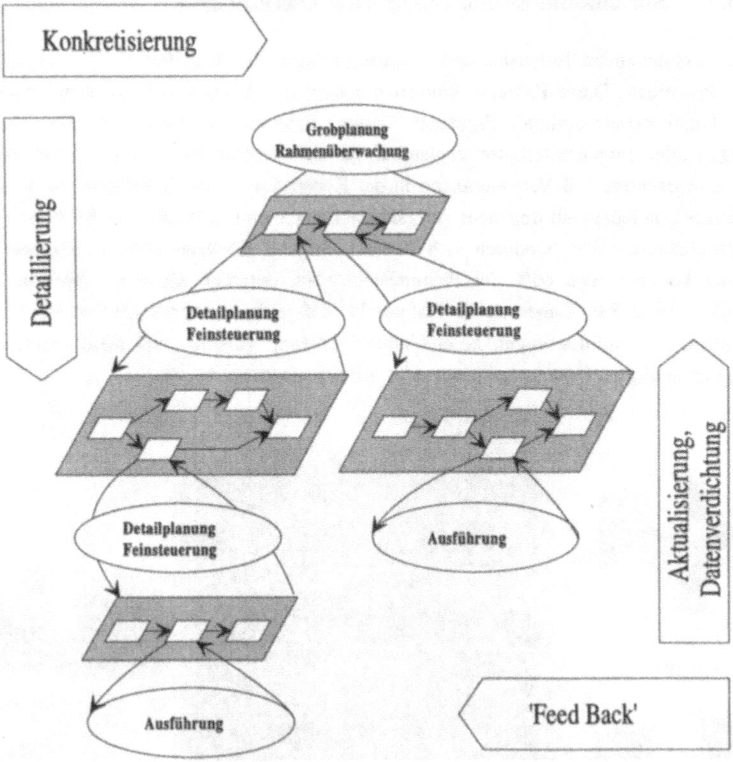

Bild 2.11: Hierarchisch dezentrale Auftragsnetze als Basis von Terminregelkreisen

Neben der genannten Terminsteuerung gehört auch die Abwicklung von Änderungen zum Aufgabenkomplex der Auftragssteuerung. Dabei soll als Änderung nur die Wiederaufnahme der Arbeit an bereits fertiggemeldeten Objekten betrachtet werden, nicht hingegen die bilaterale Abstimmung von aktuell laufenden (parallelen oder überlappenden) Aufträgen, die ohne Eingriff der übergeordneten Stelle vorgenommen werden kann. Ein Änderungszyklus wird durch Absetzen einer Änderungsanforderung und der dazugehörigen Mitteilung an die Auftragsleitstelle eingeleitet. Da die Änderungsanforderungen mithilfe des Spezifikationswesens erzeugt werden, sind sie allen Projektbeteiligten zugänglich. Es liegt in der Zuständigkeit der Auftragsleitstelle, die Teilbereiche in Hinblick auf diese Änderung zu koordinieren und eine Entscheidung hinsichtlich ihrer Umsetzung zu treffen.

2.6.3 Spezifikations- und Dokumentationsaufgaben

Die zu erstellenden Teiledaten und Arbeitsunterlagen sind Ergebnis von problemlösenden Prozessen. Diese Prozesse können nur dann in Hinblick auf die Zeit-, Kosten- und Qualitätsziele optimale Ergebnisse liefern, wenn die bestehenden Produktanforderungen allen Projektbeteiligten zugänglich gemacht werden (Bild 2.12). Ursachenanalysen erbrachten, daß Verzögerungen in der Konstruktion und Arbeitsplanung in einer Vielzahl von Fällen auf ungenaue Aufgabenstellungen und nicht geklärte Anforderungen zurückzuführen sind, wodurch sich Korrekturen und Iterationsschleifen ergaben. Im Mittel konnten etwa 60% der Planungsfehler auf derartige Ursachen zurückgeführt werden /Broc_89/. Dabei wurde festgestellt, daß sich Iterationsschleifen selbst dort ergaben, wo Anforderungen bereits einmal erkannt wurden, weil diese nicht allen Projektbeteiligten bekannt gemacht oder wieder vergessen wurden.

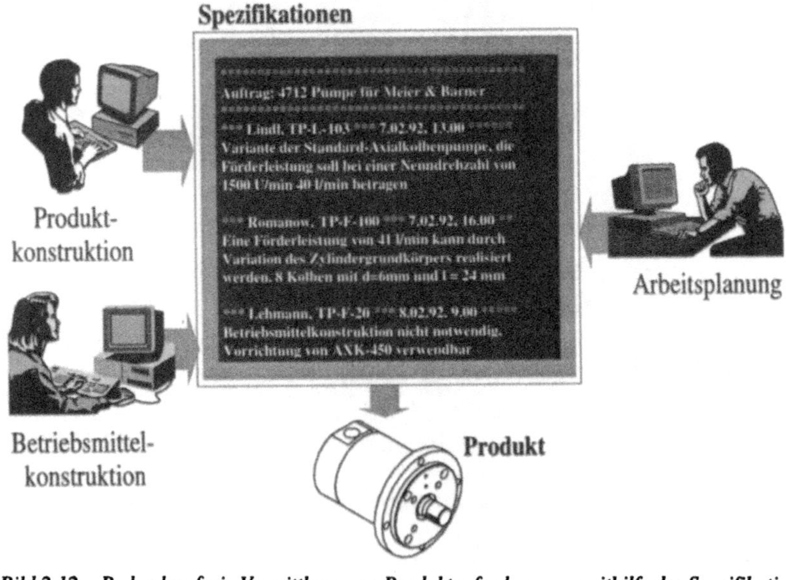

Bild 2.12: Redundanzfreie Vermittlung von Produktanforderungen mithilfe des Spezifikationswesens

An ein Spezifikationswesen zur Fixierung und Vermittlung von Anforderungen sind folgende Anforderungen zu stellen:

- möglichst redundanzfreie Speicherung
- hohe Aktualität und sukzessive Ergänzbarkeit
- Flexibilität und Schnelligkeit bei der Auswertung
- Vermerk von Sender- und Empfängerangaben für den Fall, daß Anforderungen (z.B. Änderungsanforderungen zur Freigabe) an eine Instanz gerichtet werden müssen
- Verknüpfung von Anforderungen mit Aufträgen und Objekten

Ursprung aller Anforderungen sind die Kundenanforderungen, die aber um unternehmensinterne Anforderungspunkte fortlaufend zu ergänzen und zu aktualisieren sein sollten. Da die Anforderungslisten auch dokumentierenden Charakter besitzen, sind alte Spezifikationen im System zu belassen und als solche durch einen entsprechenden Spezifikationsstatus zu kennzeichnen.

2.6.4 Kommunikationsaufgaben

Ein Kommunikationsbedürfnis zwischen den verschiedenen, an der Auftragsabwicklung beteiligten Stellen entsteht durch die Arbeit an gemeinsamen oder voneinander abhängigen Teilaufgaben. Die ereignisorientierte, auch auf kurzfristige Aktionen ausgelegte Aufgabenabwicklung sollte durch eine Kommunikationskomponente unterstützt werden, welche zur Synchronisation der verschiedenen Teilaufgaben beiträgt. Sie weist andere Projektbeteiligte auf Ereignisse wie z.B. Änderungen oder neue Aufträge hin, welche diese ohne Hinweis übersehen könnten oder nicht registrieren würden (Bild 2.13).

Es soll darauf hingewiesen werden, daß die Kommunikation von Person zu Person zur Lösung sachbezogener Aufgabenstellungen dadurch nicht eingeschränkt oder gar ersetzt werden soll. Es handelt sich hierbei mehr um die Mitteilung standardisierter Ereignisse z.B. bezüglich der Verfügbarkeit einer Information durch Auftragsbeendigung o.ä.. An ein Kommunikationssystem innerhalb des Auftragsleitsystems sind daher folgende Anforderungen zu stellen:

- Automatische und wahlweise manuelle Generierung von Mitteilungen in Abhängigkeit verschiedener Ereignisse
- Automatische Adressierung der Mails an einen oder mehrere Teilnehmer
- Pufferung neuer Nachrichten und Speichermöglichkeit für gelesene Mitteilungen
- Bestätigungsmechanismen für Versendung und Erhalt von Nachrichten

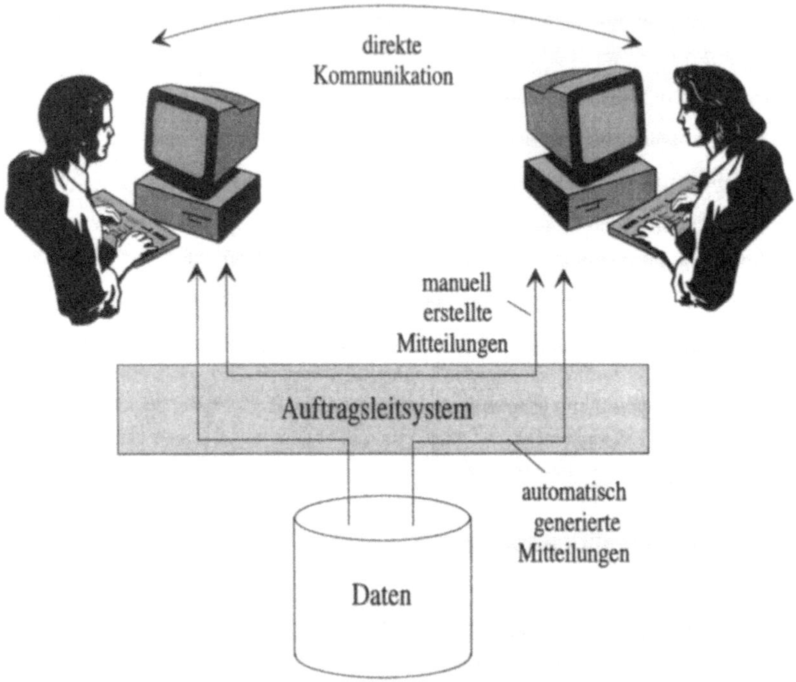

Bild 2.13: Unterstützung der Kommunikation innerhalb des Auftragsleitsystems

2.7 Zusammenfassung der Aufgaben und Anforderungen

Die Aufgabenbereiche eines Auftragsleitsystems ergeben sich aus dem Anspruch, die Aufgabenabwicklung in Konstruktion und Arbeitsplanung bereichsübergreifend, durchgängig und ohne Informationsbrüche unter Zeit-, Kosten- und Qualitätsgesichtspunkten zu koordinieren.

Ausgehend von den Randbedingungen einer kundenspezifischen Auftragsabwicklung, welche durch die Auftrags- bzw. Angebotsdaten und einer Produktspezifikation in der Regel vorgegeben sind, ist eine **Auftragsplanung** durchzuführen. Die Planung beinhaltet zunächst im wesentlichen eine möglichst vollständige Konfiguration des Kundenwunsches und Detaillierung der dazu notwendigen Teilaufgaben. Durch die nachfolgenden Planungsschritte sind diese Teilaufgaben zeitlich-personell einzuplanen und gegebenenfalls unter Zeit- und Kostengesichtspunkten zu bewerten. Qualitäts- und Leistungsmerkmale sind durch schrittweise **Spezifikation** der Produktkomponenten zu vermitteln.

Im Funktionsbereich der **Auftragssteuerung und -überwachung** sind die einzelnen Teilaufgaben den zuständigen Mitarbeitern zu vermitteln und zu veranlassen. Aufgrund der Auftrags- und Objektbeziehungen muß dabei die Veranlassungslogik den vernetzten Arbeitsprozeß in Konstruktion und Arbeitsplanung berücksichtigen. Zur Abstimmung und Synchronisation ist eine **Kommunikationskomponente** vorzusehen, die vor allem auch bei der kurzfristigen Abwicklung von Aufgaben die Aufgabenträger auf verschiedene eingetretene Ereignisse hinweist.

Zur Realisierung der datentechnischen Verknüpfung übernimmt das Datenmodell des Auftragsleitsystems die Funktion, die Teiledaten, welche im Verlauf der Auftragsabwicklung entstehen, anwendungsneutral und systemübergreifend zu verwalten (**Datenhaltung**). Der Bezug und schnelle Zugriff auf die verteilt vorliegenden Originalinformationen ist in Hinblick auf die notwendige Datenaktualität des Auftragsleitsystems permanent aufrechtzuerhalten. Darüberhinaus ist vor allem der **Datentransfer** von Teile- und Stücklisteninformationen aus den CA-Systemen in das PPS-System zu unterstützen.

Dementsprechend sind die einzelnen systemtechnischen Anforderungen an ein Auftragsleitsystem (ALS) zu folgenden Punkten zusammenzufassen:

- Vertikale Durchgängigkeit der Partialmodelle des ALS zur Konsistenthaltung der geplanten und der aktuell eingetretenen Werte auf verschiedenen Planungs- und Steuerungsebenen
- Anwendungsneutrale Darstellung von Teiledatenstrukturen zur Schaffung von Transparenz und zur Unterstützung der z.T. nicht planbaren Querbeziehungen bei der Bearbeitung abhängiger Teiledaten
- Integration verschiedener Teilsysteme mit dem Datenmodell des ALS zur Vermeidung manueller Dateneingaben, Verbesserung der Datenaktualität und sukzessive Ergänzung von Teileinformationen
- Datenverdichtung von zeit- und kostenrelevanten Größen zur transparenten Darstellung des aktuellen Planungsstandes wie auch der aktuellen Auftragssituation unter Zeit- und Kostenaspekten
- Eine graphische Darstellung von Auftrags- und Objektstrukturen, welche die Transparenz und den Bedienungskomfort erhöhen
- Ereignisorientierte Aktualisierung der Soll- und Ist-Daten zur Realisierung kurzfristiger Regelkreise mit hohen Anforderungen an die Datenaktualität

Durch seine Stellung innerhalb der betrieblichen Auftragsabwicklung zwischen der auftragsbezogenen Sicht der Produktionsplanung und der objektbezogenen Sicht der

Konstruktion und Arbeitsplanung obliegt dem Auftragsleitsystem die Aufgabe, den Prozeß der Produktdatenerstellung sowohl unter Berücksichtigung der übergeordneten Zielsetzung als auch der bereichsinternen Randbedingungen optimal zu gestalten. Gleichzeitig sind diese Teilprozesse in Hinblick auf die nachfolgenden Herstellprozesse durch Verbindung mit der Fertigungssteuerung in die Gesamtauftragsabwicklung einzugliedern.

3 Modellbildung eines integrierten Auftragsleitsystems

3.1 Vorgehensweise zur Modellbildung

In der Technik sind Modelle Darstellungen, die in Hinblick auf eine gegebene Aufgabenstellung die wesentlichen Aspekte eines realen Systems beinhalten. Die damit verbundene Reduzierung und Formalisierung erlaubt die zielgerichtete Ausübung derjenigen Funktionen, für die dieses Modell zu gestalten war. Die Kenntnis der Aufgaben und die Festlegung von Grenzen eines Systems stellen damit die ersten Schritte der Modellbildung dar /Spur_84/. Für das Auftragsleitsystem wurde dieser Schritt durch die Aufgabenbeschreibung und Einordnung eines Auftragsleitsystems in Kapitel 2 erfüllt.

Zur methodischen Unterstützung der weiteren Vorgehensweise stehen eine ganze Reihe von Modellierungsmethoden zur Verfügung /Köpp_91, Süss_92, Pars_89/. Diese lassen sich in

- funktionsorientierte Verfahren (z.B. SA, SADT, Strukturierte Programmierung, PETRI-Netze) und
- datenorientierte Verfahren (z.B. Relationenmodell, Entity-Relationship-Methode) einteilen.

Funktionsorientierte Verfahren betrachten zunächst die Funktionen zur Unterstützung einer Aufgabe. Erst in einem zweiten Schritt werden die jeweils notwendigen Daten nach Datenart und Datentyp zugeordnet. Dabei besteht aufgrund der Vielzahl innerbetrieblicher Abläufe die Gefahr, daß Zusammenhänge zwischen Funktionen nicht erkannt und Funktionsbereiche voneinander getrennt automatisiert werden. Die Folge können isolierte Automatisierungsbausteine mit unvereinbaren Datenbeständen und Datenredundanzen sein /Köpp_91/.

Datenorientierte Vorgehensweisen stellen hingegen zunächst die Daten in den Mittelpunkt der Betrachtung. Beispiele für datenorientierte Modellierungsmethoden sind das Relationenmodell (mit Verfahren zur Normalisierung von Datenstrukturen) von CODD oder das Verfahren nach Entity-Relationship von CHEN /Pars_89/. Die Vorteile datenorientierter Verfahren liegen in der Definition anwendungsneutraler Datenstrukturen (Datenarten, -typen, und -beziehungen), die als neutrale Schnittstelle verschiedener Teilfunktionen wirken können:

- Die Trennung von Daten und Funktionen eröffnet die Möglichkeit, verschiedene Anwendungen auf der Basis eines einheitlichen Datenbestandes zu implementieren

- Systematisches Vorgehen führt fast zwangsläufig zu redundanzfreien Datenbeständen, Schnittstellen entfallen
- Funktionen lassen sich sukzessive anfügen und ausbauen
- Flexible Abfragemöglichkeiten z.B. bei Datenbanken sind die Grundlage für Informationssysteme

Gerade in Hinblick auf die Integration verschiedener Teilsysteme zu einem rechnerintegrierten Gesamtsystem bietet sich die datenorientierte Vorgehensweise an. Die Aufgabenstellung besteht in der Entwicklung eines übergeordneten und anwendungsneutralen Informationsmodells, auf das die funktionalen Datenmodelle verschiedener Systemkomponenten (CAD-, CAP-Systeme usw.) abgebildet werden können.

Das Entity-Relationship-Verfahren

Das Datenmodell des Auftragsleitsystems wird mit Hilfe von Entity-Relationship-Diagrammen erläutert. Verfahren und Darstellungsart sollen daher im folgenden kurz erklärt werden.

Die Entity-Relationship-Methode basiert auf einer Einteilung eines Sachverhalts in Entities und Relationships (Bild 3.1). Ein Entity stellt ein Objekt der realen Welt dar, das sowohl materiell (Werkstück, Fahrzeug) als auch immateriell (Auftrag, Bestellung) sein kann. Wesentlich für ein Entity ist die Identifizierbarkeit z.B. durch eine eindeutige Nummer (z.B. Auftragsnummer).

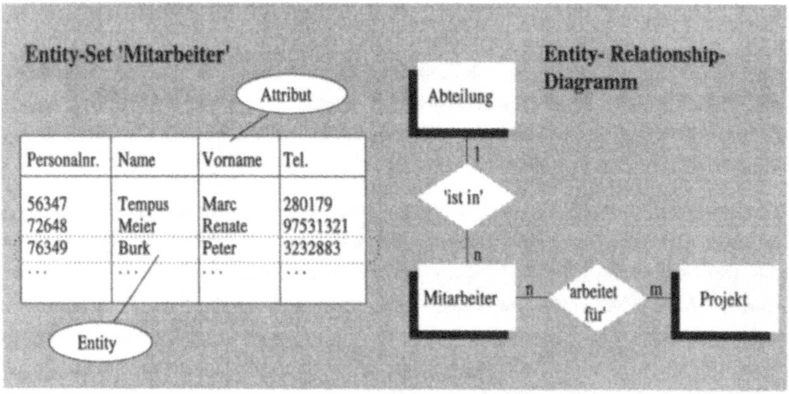

Bild 3.1: Datenmodellierung mit der Entity-Relationship-Methode

Relationships beschreiben die Beziehungen der Entities zueinander, wobei Beziehungen sowohl unter gleichartigen Entities als auch unter Entities verschiedenen Typs vorhanden sein können. Ein wesentlicher Punkt für die Ausarbeitung eines Datenmodells ist das Erkennen und Festlegen der möglichen Beziehungsvielfalt. Zum Beispiel:

- Ein Mitarbeiter kann u.U. für mehrere Projekte arbeiten, so wie jedes Projekt mehrere Mitarbeiter beschäftigt (m:n-Beziehung).
- Jeder Mitarbeiter ist nur Mitglied einer Abteilung, eine Abteilung verfügt hingegen über mehrere Mitarbeiter (1:n-Beziehung).
- Eine einfache Beziehung, bei der jedes Entity mit genau einem weiteren Entity korrespondiert, wird als 1:1-Beziehung bezeichnet.

Datentechnisch beschrieben wird ein Entity durch seine Attribute. Gleichartige Entities können also in Tabellenform zu einem Entity-Set zusammengefaßt werden. Die Entity-Relationship-Methode ist somit vor allem zur übersichtlichen Darstellung struktureller, statischer Zusammenhänge geeignet.

3.2 Das Informationsmodell des Auftragsleitsystems

3.2.1 Begriffe

Der Darstellung des Informationsmodells soll eine Diskussion der wesentlichen Begriffe vorangestellt werden.

Aufgabe, Auftrag und Projekt

Der allgemeinste Begriff zur Bezeichnung von Aktionen der industriellen Leistungserstellung ist der Begriff der **Aufgabe**. Unter einer Aufgabe wird in der betriebswirtschaftlichen Lehre ein zu erfüllendes Handlungsziel, eine durch physische oder geistige Aktivitäten zu verwirklichende Soll-Leistung verstanden. In diesem Sinne sind sowohl die Leistungen eines Unternehmens dem Kunden gegenüber als auch die verschiedenen Teilleistungen der Abteilungen und Mitarbeiter als Aufgaben zu bezeichnen /Groc_80/. Eine Aufgabe kann beschrieben werden durch die zur Aufgabenerfüllung notwendige Handlung (Aktion, Verrichtung) sowie einer Reihe von Ausgangs- und Zielobjekten bzw. Ausgangs- und Zielzuständen eines Objekts (Bild 3.2).

Zudem ist die Aufgabenerfüllung abhängig von der jeweiligen Situation, in der sie ausgeführt werden soll, so daß eine sogenannte Aufgabenerfüllungssituation vollständig zu beschreiben ist durch

- die Aufgabenstellung (Objekte, Verrichtungen) selbst,
- den Aufgabenträger (Instanz),
- einzusetzende Hilfs- und Sachmittel,
- die räumlich-zeitliche Einordnung der Aufgabe (Auftrag) sowie
- durch Abhängigkeiten zu anderen Aufgaben /Groc_80/.

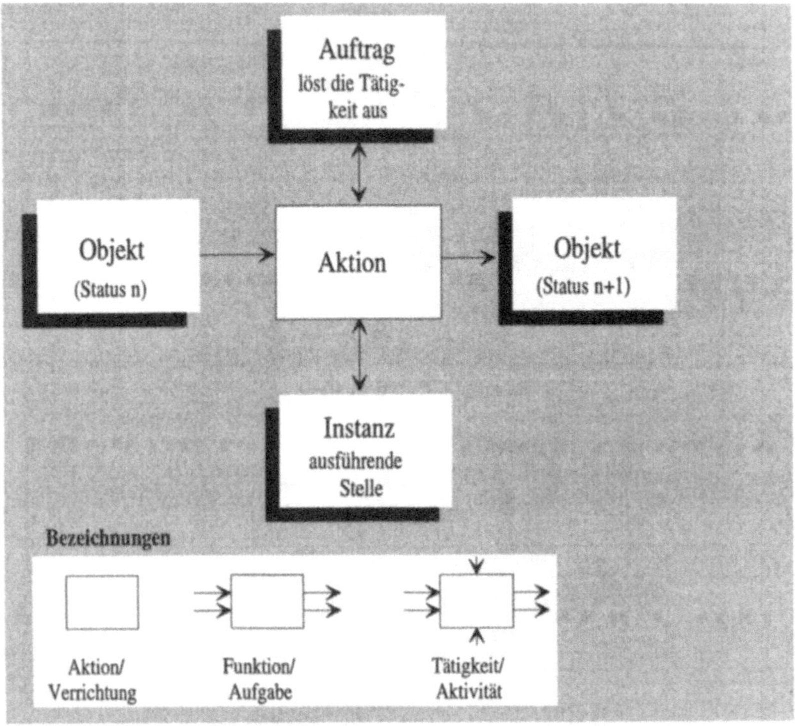

Bild 3.2: Grundlegende Elemente der betrieblichen Leistungserstellung

Da Aufgaben, die das Unternehmen betreffen (Unternehmensaufgaben), in der Regel zu komplex sind, um von einer Stelle in realisationsreife Teilaufgaben gegliedert oder gar ausgeführt zu werden, kommt einem sukzessiven Planungsprozeß die Aufgabe zu, die Gesamtaufgabe in überschaubare Teilaufgaben zu gliedern. Nach Aufgabenarten können hierbei Realisationsaufgaben, Planungsaufgaben und Kontrollaufgaben unterschieden werden. Der Gliederungsprozeß kann sich wiederum an einer Gliederung des

Ausgangsobjektes, des Zielobjektes oder an der Strukturierung der notwendigen Verrichtung orientieren. Bild 3.3 zeigt beispielsweise eine objektorientierte und eine verrichtungsorientierte Gliederung. Auch Kombinationen der Gliederungsarten können angewendet werden, z.B. zuerst eine Strukturierung der Aufgabe nach Produktkomponenten und dann nach Verrichtungen /Groc_80/.

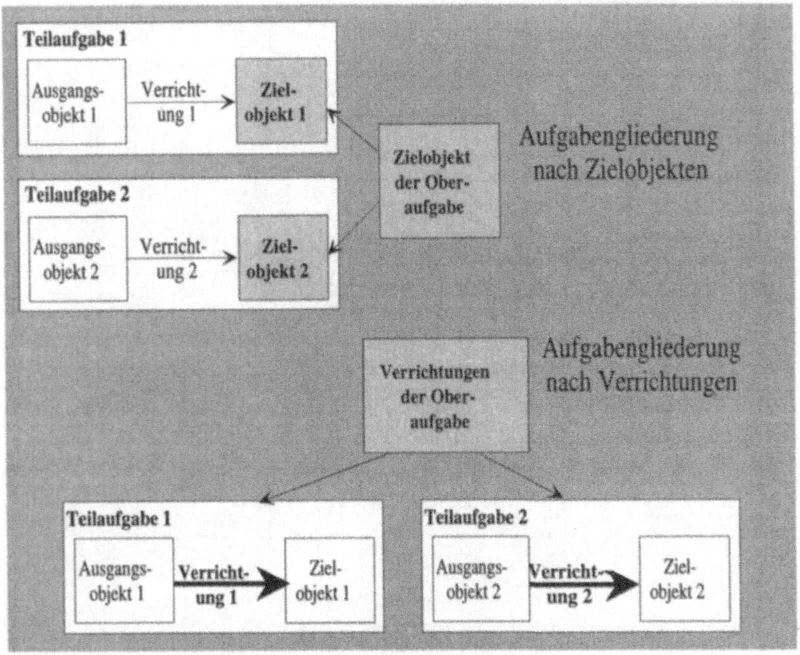

Bild 3.3: Beispiel für eine Aufgabengliederung /Groc_80/

Zur Generierung sinnvoller Arbeitspakete sind gegebenenfalls Einzelaufgaben wiederum zusammenzufassen. Dabei sind die besonderen Randbedingungen der Aufgabenerfüllungssituation (Aufgabenträger, Abhängigkeiten) zu beachten. Das schwierigste Problem ist die Berücksichtigung von Interdependenzen. Die verbleibenden Interdependenzen, die durch die Aufgabensynthese nicht eliminiert werden können, sind sowohl durch Kooperation (bilateral) als auch durch Koordination (Anweisungen innerhalb der Hierarchie) von Aufgaben zu regeln. Grundsätzlich besteht die Möglichkeit, nach gleichartigen Verrichtungen oder nach gleichartigen Objekten zusammenzufassen. Je nachdem welche Strategie gewählt wird, kann der Synthesevorgang also Abläufe mit funktionaler Arbeitsteilung oder einzelne Prozeßketten mit objektorientierter Arbeitsteilung hervorbringen.

Hinsichtlich der durchgängigen rechnerunterstützten Auftragsabwicklung ist zu berücksichtigen, daß die einzelnen Teilaufgaben bei einer konstruktiven Produktanpassung bzw. -variation anders als bei einer reinen Fertigung (Arbeitsplan) nicht von vorneherein feststehen! Sowohl der Gliederungs- als auch der Syntheseprozeß sind durch das Auftragsleitsystem zu unterstützen (vgl. Kap. 4.2, Aufgabenplanung, Ablaufplanung).

Der **Auftrag** stellt die wesentliche Kommunikationsform zur Vermittlung dieser Arbeitspakete dar. Ein Auftrag ist eine Aufforderung verbindlicher Art zur Aufgabenerfüllung an Personen oder Institutionen, die sich ihrerseits im Rahmen bestimmter Verträge dazu verpflichtet haben. Das Kennzeichnende eines Auftrags ist also einerseits die Vermittlung von Aufgaben und andererseits die Aktionen auslösende Wirkung. Der Auftrag ist damit z.B. von der Weisung oder Anordnung zu unterscheiden, die sich im wesentlichen nur auf das Wie der Aufgabenerfüllung beziehen, aber noch keine tatsächlichen Handlungen auslösen /Herb_73, Groc_80/.

Die Fähigkeit eines Auftrags als ablauforganisatorisches Steuerelement zu wirken ist abhängig vom jeweiligen Konkretisierungsgrad oder Bestimmtheitsgrad. Exakte und richtige Vorgaben erhöhen i.a. die Wahrscheinlichkeit, daß die Aufgabe analog zu diesen Vorgaben erfüllt werden kann. Betrachtet man die betrieblichen Bereiche, so ist festzustellen, daß nicht überall ein hoher Bestimmtheitsgrad erreicht werden kann oder überhaupt erwünscht wird. Denn ein hoher Konkretisierungsgrad schließt eine höhere Fremdbestimmtheit mit ein, die dem Ausführenden u.U. seinen Handlungsspielraum nimmt und die Motivation zur eigenen Lösung hemmt. Übertragen auf die Bereiche Konstruktion und Arbeitsvorbereitung heißt dies:

- Die Vermittlung einer klaren Zielvorgabe ist wichtiger als die Vorgabe von exakten Handlungsvorschriften. Schließlich geht es nicht um die Abarbeitung von Tätigkeiten, sondern um die zielorientierte Lösung von Aufgaben. Hierzu reicht es aus, wenn der Auftrag die Aufgabe grob durch die am Objekt zu verrichtende Tätigkeit bezeichnet (z.B. 'Erstellen des NC-Programms', 'Prüfen des NC-Programms'). Hinsichtlich der anzuwendenden Methoden und Hilfsmittel sollte in den meisten Fällen den Mitarbeitern der größere Sachverstand zugestanden werden.

Als **Projekt** wird im allgemeinen eine spezielle Unternehmensaufgabe bezeichnet, die sich u.a. durch einen einmaligen, zeitlich abgegrenzten Charakter, einen meist größeren Umfang und einer Notwendigkeit zur interdisziplinären Zusammenarbeit auszeichnet /Plat_86/. Die Übertragung der zielorientierten Vorgehensweise des Projektmanagements auf die kundenspezifische Auftragsabwicklung läßt einen Teil dieser Kriterien, z.B. den Charakter der Einmaligkeit, nicht mehr zutreffen. Die gelegentliche Verwendung des Projektbegiffs im Rahmen dieser Arbeit soll daher nur der strukturellen Gliederung von zusammengehörigen Aufträgen dienen und diese von Einzelaufträgen unterscheiden.

Objekt

Als **Objekt** wird im allgemeinen Sprachgebrauch der Gegenstand einer Betrachtung oder Verrichtung verstanden. In produktionstechnischem Sinne sind in der Regel die zu produzierenden Werkstücke, in organisationstechnischem Sinne oft ganze Produktbereiche ("Sparten") gemeint /Groc_80, Ever_90/. Aus der Sicht der Produktdatenerstellung besteht ein Werkstück (Produkt, Einzelteil, Baugruppe) aus der Summe seiner Teiledaten, welche im Normalfall in einem arbeitsteiligen Prozeß generiert werden. In der manuell ausgeführten Konstruktion und Arbeitsplanung stellen die Arbeitsunterlagen (Dokumente) mit den darauf definierten Teiledaten die Objekte der Auftragsbearbeitung dar.

Der Einsatz rechnerunterstützter Systeme hat hier insofern eine Veränderung bewirkt, daß nun rechnerinterne Modelle zur eindeutigen Festlegung der produkt- bzw. prozeßdefinierenden Daten existieren ('Generische Daten'). Insbesondere wird auch der Datentransfer zwischen den Systemen zukünftig mehr und mehr auf der Basis von Modelldaten stattfinden können. Die Dokumente (z.B. Zeichnungen) stellen in diesem Fall nur noch schriftliche, zur "Dokumentation" verwendete Auszüge der Modelldaten dar ('Abgeleitete Daten'). Es ist aber trotzdem davon auszugehen, daß diese auf absehbare Zeit zusätzlich zu den Modelldaten zu erstellen sind.

Aus der Sicht der Produktdatengenerierung besteht ein Teil aus der Summe seiner Teiledaten. Bild 3.4 enthält eine überschneidungsfreie Darstellung dieser Teiledaten, welche normalerweise in einem arbeitsteiligen Prozeß generiert werden. Als Objekt der rechnerunterstützten Auftragsabwicklung im Fertigungsvorfeld sollen alle diejenigen Dateneinheiten bezeichnet werden, welche als eigenständig zu bearbeitende, zusammenhängende Menge von Daten angesehen werden können.

Eine gewisse Schwierigkeit liegt hier darin, daß einzelne Teiledaten Querbeziehungen zueinander aufweisen /Bull_89/. Die Teilmengen, welche zu Objekten zusammengefaßt werden, sind somit nicht unabhängig voneinander. Eine systemübergeordnete Repräsentation der Teiledaten (Objektmodell) sollte diese Abhängigkeiten zur Koordination der einzelnen Generierungsprozesse formal abbilden können.

Die Abhängigkeit einzelner Teiledaten, z.B. der Werkzeugverfahrwege des NC-Programms zur Geometrie des Teils, führt auch zur Überschneidung der Datenmodelle der CA-Systeme, durch die diese Daten heute im allgemeinen generiert werden (nicht im

Bild). So wird bei graphisch-interaktiven NC-Programmiersystemen oftmals die Geometrie nochmals redundant zur Geometrie eines CAD-Systems dargestellt. Diese Redundanz bedeutet keine Einschränkung des eben genannten Objektbegriffs, da nicht die Geometrie, sondern nur die NC-Anweisungen das Ergebnis (Objekt) der NC-Programmierung darstellen. Lokale Datenmodelle der CA-Systeme sind daher auf ihre Bearbeitungseinheiten (Objekte) zu projizieren. Diese Projektion wird durch die in Kapitel 5 beschriebenen Referenzangaben abgebildet.

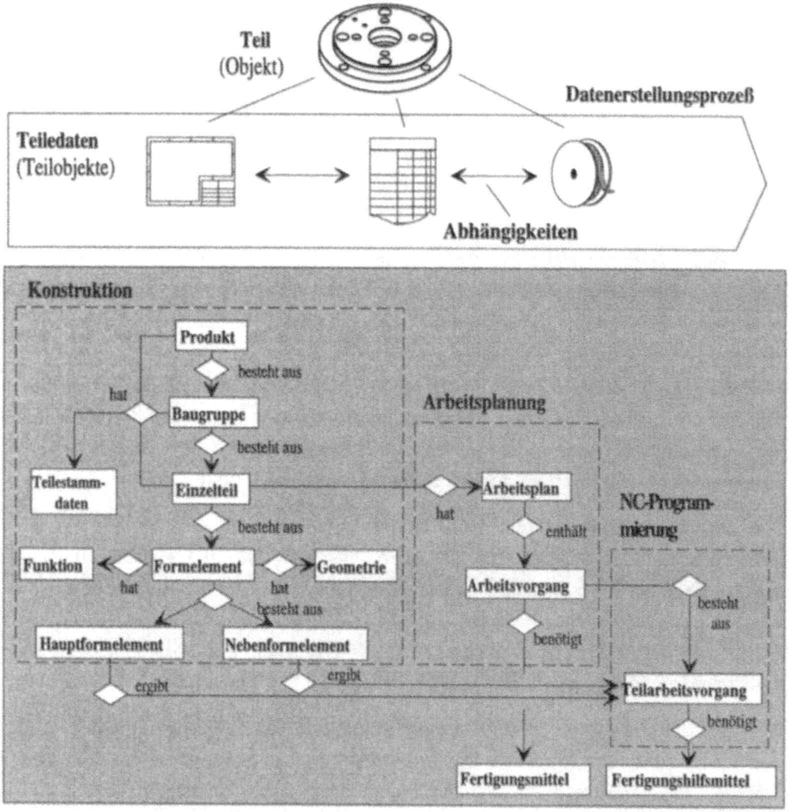

Bild 3.4: Objekte des Auftragsleitsystems als Platzhalter für die in Konstruktion und Arbeitsplanung erzeugten Teiledaten

Instanz

Zur Aufgabenerfüllung wird eine betriebliche Organisationseinheit (Stelle) benötigt, die diese Aufgabe wahrnimmt und unter den gegebenen Randbedingungen ausführt. Im allgemeinen wird nach

- ausführenden Stellen (Aufgabenträger),
- disponierenden Stellen (leitende und planende Funktion) und nach
- beratenden Stellen (Stabsstelle)

unterschieden.

Als Instanzen werden strenggenommen nur die Stellen bezeichnet, bei denen der Führungsaspekt dominiert. Dies sind also alle jene Stellen, die anderen Stellen gegenüber die in der Aufbauorganisation festgelegte Weisungsbefugnis ausüben können, nicht aber Stabsstellen oder die als Aufgabenträger bezeichneten Stellen. In der Praxis und insbesondere im Fertigungsvorfeld vermischen sich jedoch die Aufgabenbereiche, indem eine Reihe von Stellen sowohl planende als auch ausführende Funktionen wahrnehmen /Groc_80/.

Vereinfacht soll daher in der vorliegenden Arbeit jede an der Auftragsabwicklung beteiligte Stelle (Abteilungen, Bereiche, Gruppen und auch einzelne Mitarbeiter) als Instanz bezeichnet werden, solange sie der Auftragsabwicklung als eigenständige Einheit zur Verfügung stehen muß. Die Instanzen können hinsichtlich ihrer Funktion durch Instanzmerkmale unterschieden werden.

3.2.2 Grundstruktur des Informationsmodells

Hinsichtlich der Gestaltung der grundlegenden Informationsstruktur soll zunächst ein Vergleich zur typischen Planungslogik von Fertigungssteuerungssystemen angestellt werden. Der hier übliche Ansatz führt das Planungsproblem auf eine Zuordnung von belastenden Größen (Kapazitätsanforderung der Aufgaben) zu belasteten Größen (Kapazitätsangebot der Stellen) zurück /Hack_89, Groc_80, Wien_83/. Dabei wird die belastende Größe als Arbeitsvorgang bezeichnet. Er bezieht sich auf ein Objekt (Werkstück) und eine Verrichtung (Arbeitsgang), da i.a. zu einer Zeit nur ein Los auf einer Maschine bearbeitet wird. Ein Arbeitsgang als Belastungsgröße kann daher datentechnisch durch ein Element dargestellt werden. Auch die meisten bekannten Terminplanungssysteme für die Konstruktion arbeiten nach diesem Prinzip /Bull_73, Rein_80, Plat_86/.

Genaugenommen stellt dies aber eine Vereinfachung der Arbeitsprozesse zu sequentiellen Arbeitsvorgangsfolgen dar. In der Konstruktion und Arbeitsplanung ist es hingegen nicht möglich, den vernetzten Arbeitsprozeß derart zu reduzieren. Es ist von folgenden Randbedingungen auszugehen:

- Im Rahmen eines Auftrags sind von einer Stelle ein oder mehrere Objekte zu bearbeiten
- Die Ausgangsobjekte des einen Arbeitsprozesses sind Eingangsobjekte weiterer Prozesse, wobei sich die Informationen im Bearbeitungsverlauf verzweigen oder vereinigen können.
- Ein Bearbeiter ist in der Lage, mehrere Aufträge bzw. auch Objekte abwechselnd, d.h. von außen betrachtet, zeitgleich zu bearbeiten.
- Arbeitspakete können ausgehend von einer Grobplanung innerhalb der Hierarchieebenen aufgeteilt werden bzw. einzelne Aufgaben können aus Kapazitäts- oder anderen Gründen innerhalb eines Bereichs umverteilt werden.

Um den hohen Vernetzungsgrad der Aufgaben auch von Seiten des Datenmodells zu berücksichtigen, dürfen Aufträge und Objekte anders als in der Fertigungsplanung nicht untrennbar miteinander verknüpft werden. Hinsichtlich der Konzeption der Informationsstrukturen des Auftragsleitsystems (ALS) ist also von den in Bild 3.2 angesprochenen Grundelementen der betrieblichen Leistungserstellung Auftrag, Objekt und Instanz auszugehen. Dementsprechend wurden für das Datenmodell des ALS drei Partialmodelle definiert (Bild 3.5).

- Das **Auftragsmodell** beinhaltet entsprechend der Auftragsdefinition die zeitliche Anordnung und Struktur von Konstruktions- und Planungsaufgaben. Diese im ALS dargestellten Aufträge sind Teilaufträge eines in einem PPS-System dargestellten Kundenauftrags, zu dem der Bezug über die Kundenauftrags- und Positionsnummer aufrechterhalten wird.
- Das **Objektmodell** repräsentiert die im Verlauf der Produktdatenerstellung entstehenden Teile und Teiledaten (Objekte). Es stellt diese Objekte durch ihre ablauforganisatorisch relevante Information und Strukturzusammenhänge dar, beinhaltet aber nicht die Geometrie- und Technologiedaten selbst. Da diese Teiledaten auf verschiedene andere Systeme verteilt sein können (Teilestammdaten und Arbeitspläne sind i.a. im PPS-System gespeichert, Geometriedaten in CAD-Systemen, NC-Programme in NC-Programmverwaltungssystemen usw.) werden zur Aufrechterhaltung des Bezugs ihre systemspezifischen Zugriffsinformationen im Datenmodell des ALS geführt. Damit liegt eine systemübergeordnete Darstellung vor, welche Teiledaten

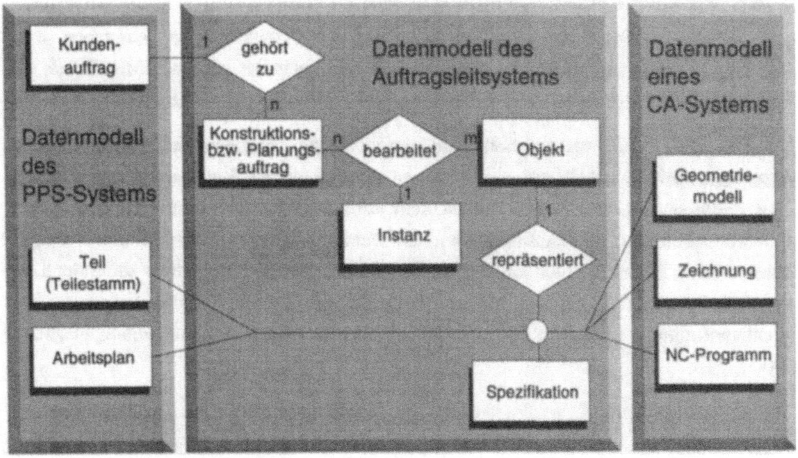

Bild 3.5: Grundstruktur des Datenmodells für ein integriertes Auftragsleitsystem

zu einem Werkstück existieren, in welchem Zustand sie sich befinden und wo sie abgespeichert sind. Da Objekte des Typs "Spezifikation" in der vorliegenden Form weder in PPS- noch in CA-Systemen dargestellt werden, wurden sie als direkter Bestandteil des ALS-Datenmodells implementiert. Sie sind damit für jeden Datenbanknutzer unmittelbar zugänglich, unterscheiden sich aber prinzipiell nicht von anderen Objekttypen.

- Das **Instanzenmodell** stellt schließlich die Abteilungs- und Mitarbeiterstrukturen der Konstruktion und Arbeitsplanung unter kapazitiven Gesichtspunkten dar.

Aufträge, Objekte und Instanzen sind durch eine Relation 'bearbeitet' flexibel miteinander verknüpft. Gegenüber der vereinfachten Darstellung in Bild 3.4 existieren hier jedoch mehrere Relationen, deren Funktion in Kap. 3.2.5 näher erläutert wird. Entsprechend dieser Grundstruktur bilden die Aufträge zusammen mit denen ihnen zugeordneten Objekten die belastenden Größen für das Kapazitätsangebot der Instanzen. Weitere Gestaltungskriterien für die Datenmodellierung des Leitsystems ergeben sich aus den in Kap. 2.6 genannten Aufgaben und Anforderungen.

3.2.3 Ereignisorientierte Auftragsabwicklung

Außer der Gestaltung des Informationsmodells hat auch das zeitliche Verhalten erheblichen Einfluß auf die Aktualität und Wirksamkeit eines Planungs- und Steuerungssystems. Erfahrungen mit konventionellen Planungs- und Steuerungsinstrumenten haben gezeigt, daß bei der Planung in Planungszyklen die Vorgabewerte sehr schnell überholt sind. Dies gilt insbesondere auch für die kurzfristige Abwicklung von Aufgaben, wenn die Vorgabewerte mit einer relativen Unsicherheit behaftet sind und die Dauer der Aufgaben klein gegenüber dem Planungszyklus ist /Dang_92, Wien_89/.

Ein Planungssystem, das überholte und unrealistische Vorgaben anbietet, stellt keine Arbeitsunterstützung dar und wird von den Mitarbeitern zu Recht nicht angenommen. Eine Verbesserung der Datenaktualität kann erreicht werden, indem ereignisorientiert, d.h. ohne Bindung an Planungszyklen, auf Veränderungen im Arbeitsablauf reagiert werden kann. Dabei werden Ereignisse dem Planungssystem gegenüber in erster Linie durch Rückmeldung abgeschlossener Aufträge und durch Einplanung neuer bzw. Planänderungen bestehender Aufträge aktuell. Einen entsprechenden Vorgang zeigt Bild 3.6.

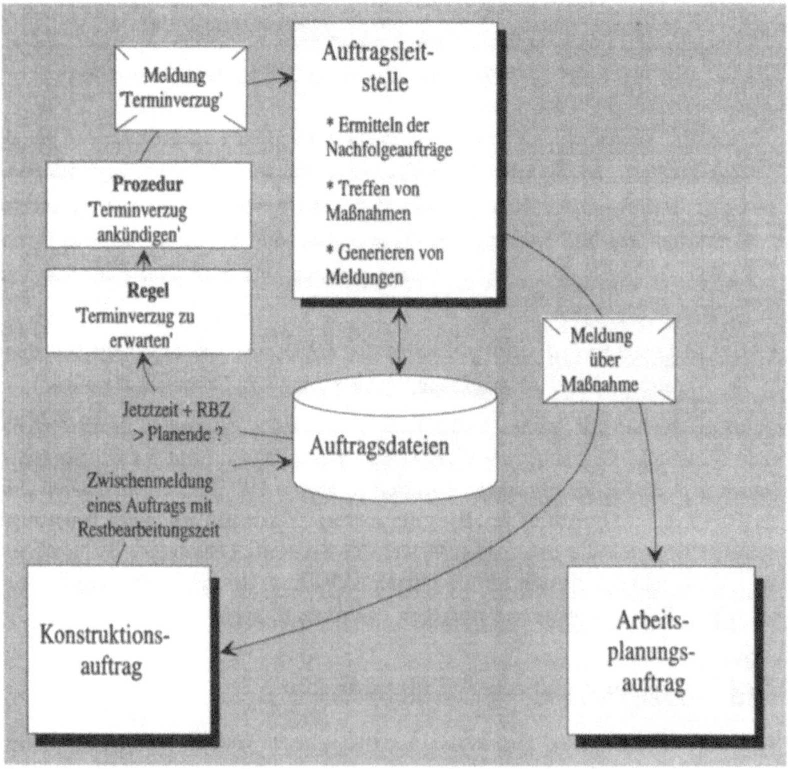

Bild 3.6: Ereignisorientierte Vorgehensweise am Beispiel eines Terminverzugs

Das Problem besteht hier gerade bei komplexen Zusammenhängen zunächst einmal darin, ein Ereignis bzw. eine Problemsituation zu erkennen, bevor es gemeldet und bewertet werden kann. Zumal es natürlich günstig ist, diese Situationen auch möglichst frühzeitig zu erkennen, um rechtzeitig über die folgerichtigen Maßnahmen entscheiden zu können. Nicht immer kann davon ausgegangen werden, daß ein Ereignis von einer Stelle explizit formuliert wird. Das Erkennen einer entscheidungsbedürftigen Situation kann durch Mechanismen, wie sie heute von Datenbanksystemen z.B. in Form von Datenbankregeln und sogenannten Event-Handlern zur Verfügung gestellt werden, unterstützt werden.

Erfolgt z.B. eine Zwischenmeldung eines Konstruktionsauftrags, so erkennt eine in der ALS-Datenbank hinterlegte Regel durch Vergleich des Meldezeitpunkts und der vom Konstrukteur eingegebenen Restbearbeitungszeit mit dem geplanten Fertigstellungstermin eine zu erwartende Terminüberschreitung. Eine von der Regel aufgerufene Prozedur meldet das Ereignis "Terminverzug zu erwarten". Alle Datenbankprozesse, die sich angemeldet haben, dieses Ereignis zu registrieren, erhalten eine entsprechende Mitteilung. Im beschriebenen Beispiel kann nun die Auftragsleitstelle die Mitteilung nutzen, um sich zum Beispiel in Bezug auf die Ursachen des Terminverzugs zu informieren und entsprechende, folgerichtige Maßnahmen einzuleiten. Die davon betroffenen Instanzen sind zu benachrichtigen.

Bei der Nutzung dieser Mechanismen ist lediglich darauf zu achten, daß sie nicht nur dann wirksam sind, wenn alle Systeme online mit der Datenbank verbunden sind. Mitteilungen über eingetretene Ereignisse müssen gegebenenfalls also gepuffert werden, um sie zum Zeitpunkt der Wiederanmeldung eines Systems zu verarbeiten. Die Datenkonsistenz der Daten des Auftragsleitsystems ist dadurch nicht gefährdet, da innerhalb des ALS-Datenbestandes die von der Regel ausgelösten Prozeduren immer sofort umgesetzt werden.

In den nachfolgenden Abschnitten sollen nun die einzelnen Partialmodelle des Auftragsleitsystems näher beschrieben werden.

3.2.4 Partialmodelle des Auftragsleitsystems

Die Beschreibung der Partialmodelle kann in Anlehnung an /Süss_92/ durch folgende allgemeine Merkmale beschrieben werden:

- Identifizierende Daten
- Klassifizierende Daten
- Hierarchiemerkmale

- Beziehungen zu anderen Partialmodellen
- Zustandsdaten
- Spezifische Daten

3.2.4.1 Auftragsmodell

Das Wesen des Auftrags besteht in der Veranlassung einer Aufgabenerfüllung. Die Merkmale, welche die Datenklasse 'Auftrag' beschreiben, müssen daher in der Lage sein, diese Form der Kommunikation zwischen der den Auftrag generierenden Stelle (Sender) und der ausführenden Stelle (Empfänger) ausreichend zu unterstützen.

Identifizierende und klassifizierende Daten

Jeder Auftrag ist durch eine Identnummer eindeutig zu identifizieren. Weiterhin werden durch die Auftragsnummer die Hierarchiebeziehungen zum Teilprojekt und Vorgänger-Nachfolger-Beziehungen innerhalb des Teilprojekts hergestellt. Eine Klassifizierung nach unternehmensspezifisch konfigurierbaren Auftragsklassen unterscheidet verschiedene Auftragsarten (z.B. Konstruktions- oder Planungsaufträge) und gestaltet die graphische Darstellung der Auftragsnetze transparenter.

Auftragsbeziehungen

Aufträge beinhalten Aufgaben (Verrichtungen an Objekten). In gleicher Weise, in der Aufgaben in realisierbare Teilaufgaben gegliedert werden, muß auch die Gliederungsfeinheit der Aufträge erhöht werden. Folgende Strukturbeziehungen sind zu beachten (Bild 3.7):

- Die Vater-Sohn-Beziehung kennzeichnet einen Auftrag als Teilauftrag eines Kundenauftrags oder eines anderen übergeordneten Auftrags (Teilprojekt).
- Vorgänger-Nachfolger-Beziehungen ordnen einen Auftrag in logisch-zeitlicher Hinsicht innerhalb einer Auftragsfolge ein.

Diese Art der Auftragshierarchien wird von heutigen PPS-Systemen noch nicht in ausreichendem Maße unterstützt /KCIM_89/. Zur Erleichterung der sukzessiven Gliederung werden Projekte bzw. Teilprojekte und Einzelaufträge datentechnisch gleich dargestellt und nur durch ein Kennzeichen voneinander unterschieden. Dies erlaubt die Umwandlung z.B. eines Auftrags an eine Abteilung in ein Teilprojekt, zu dem dann Unteraufträge generiert werden können.

Für Projekte und Teilprojekte wurde in Hinblick auf eine vergleichende Bewertung alternativer Auftragskonfigurationen ein Konfigurationsbereich eingerichtet (im Bild nur angedeutet). Diese Dateien sind, erweitert um eine Konfigurationsnummer, analog

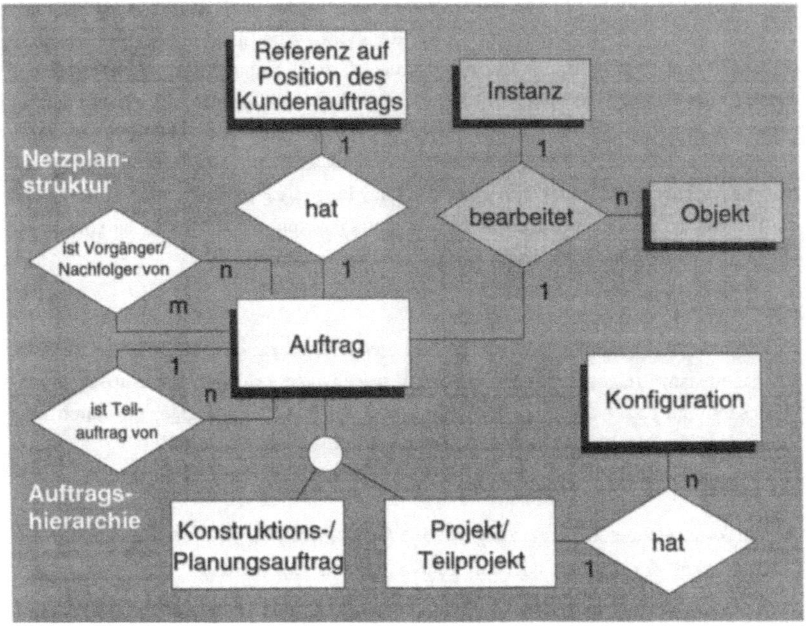

Bild 3.7: Entity-Relationship-Diagramm des Partialmodells "Auftrag"

aufgebaut zu den eigentlichen Auftragsdateien. Im Konfigurationsfall können komplette Auftragsnetze in diesen Bereich übertragen und mit Ausnahme der bereits bearbeiteten Aufträge beliebig modifziert werden. Die ursprünglichen Auftragsdaten werden durch einen Entnahmestatus ('PLAN') gekennzeichnet und der weiteren Bearbeitung entzogen. Für den Entnahmestatus ist ein zusätzliches Datenfeld einzurichten, da nach der Rückübertragung aus dem Konfigurationsbereich der vorherige Status wiederherzustellen sein muß.

Relationen zu anderen Partialmodellen

Relationen zum Objektmodell beschreiben den Auftragsinhalt. Im Unterschied zur Fertigung und Montage, für die der jeweilige Prozeß durch die Arbeitsschritte des Arbeitsplans verrichtungsorientiert beschrieben wird, orientiert sich die Aufgabenbeschreibung und -gliederung im Fertigungsvorfeld also an den Zielobjekten der jeweiligen Aufgaben. Diese Verknüpfung wird nachfolgend detaillierter in Abschnitt 3.2.5.1 betrachtet.

Dem Auftrag kommt aufgrund seiner datenvermittelnden und Aktionen auslösenden Wirkung eine Kommunikationsfunktion zu. Relationen zum Instanzenmodell beinhalten sozusagen die "Sender-/Empfängerinformationen", die zur eindeutigen Vermittlung des Auftrags notwendig sind. Jeder Auftrag ist einer Stelle zuzuordnen, die diesen Auftrag verantwortlich ausführt (Empfänger). Der Verweis auf die Stelle, welche den Auftrag generiert hat (Sender), ermöglicht die Kommunikation entgegen der Richtung der Auftragsvergabe z.B. bei Rückfragen, Rückmeldung oder Freigabe des Auftrags. Ist die Freigabeinstanz nicht identisch mit der auftragsgenerierenden Stelle, so sind gegebenenfalls zusätzliche Referenzen auf Instanzen erforderlich.

Zustandsdaten

Aufträge werden generiert, geplant, an eine Stelle vergeben, dort ausgeführt, von einer Freigabeinstanz freigegeben und schließlich irgendwann gelöscht. Ein Auftrag durchläuft somit im Laufe seines Lebenszyklus eine Reihe von Zuständen, die durch eine Zustandsgröße festzuhalten und anzuzeigen sind (Bild 3.8) /Lutz_88/.

Die Zustandsgröße des Auftrags übernimmt dabei folgende Funktionen:

- Sie kennzeichnet in Ergänzung zu den Sender-/Empfängerinformationen die Zuständigkeit des Senders oder des Empfängers für den Auftrag.
- Sie kennzeichnet indirekt den Arbeitsfortschritt. Dabei ist allerdings anzumerken, daß der Auftragsstatus in dieser Hinsicht eine abhängige Größe der Objektzustände ist, da der eigentliche Arbeitsfortschritt am Objekt erfolgt. Die Konsistenz der Zustandsgrößen wird durch Datenbankregeln sichergestellt.
- Sie steuert die Funktionen des ALS. So darf beispielsweise ein Auftrag, der noch nicht bearbeitet wurde, auch nicht freigegeben werden (Schutzfunktion). Durch die Freigabe von vorausgehenden Aufträgen, können nachfolgende Aufträge aktiviert werden (Steuerfunktion).

Auftragsspezifische Daten

Zu den wesentlichen auftragsspezifischen Daten gehören die Zeit- und Termingrößen. Dabei sind diese Zeitgrößen in Hinsicht auf eine Vergleichsmöglichkeit zwischen dem Soll- und dem Ist-Zustand als entsprechende Soll- und Ist-Größen in jeweils eigene Datenfelder abzulegen. Es ist zu differenzieren:

- **Zeitaufwand** (Summe der Bearbeitungszeiten in h) zu einem Auftrag. Diese Information ist relevant sowohl zur auftragsbezogenen Abrechnung dem Kunden gegenüber als auch für die Auftragsüberwachung, da die geleistete Bearbeitungszeit erfaßt werden kann.

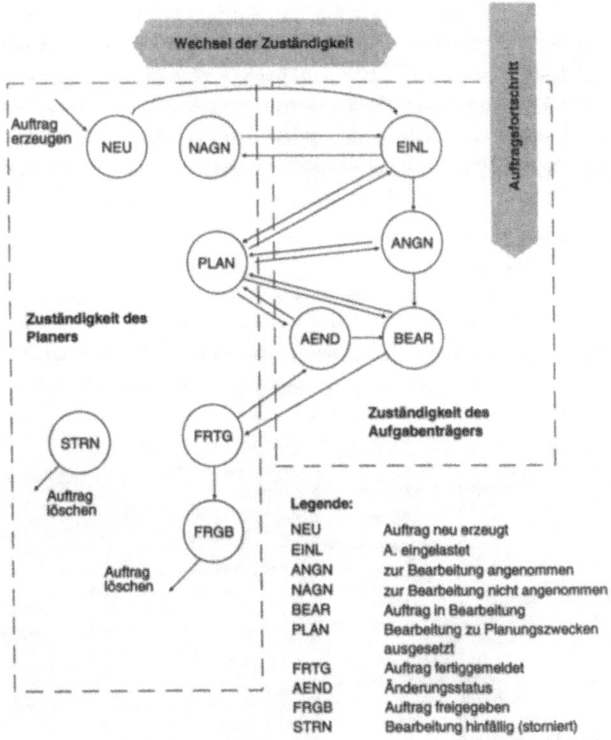

Bild 3.8: Beispiel eines Zustandsgraphen eines Auftrags

- **Durchlaufzeit** (Zeitspanne vom Zeitpunkt der Auftragsveranlassung bis zu seiner Fertigstellung). Die Durchlaufzeit (Dauer) ist die wesentliche Größe in Hinblick auf eine Terminrechnung. Sie steht nur in mittelbarem Zusammenhang zum Zeitaufwand, da sich natürlich auch in der Konstruktion und Planung aufgrund konkurrierender Aufträge Wartezeiten, d.h. Liegezeiten, ergeben.
- **Beginn- und Endtermine** der Auftragsausführung. Durch die Terminplanung werden früheste und späteste Beginn- und Endzeitpunkte der Aufträge innerhalb einer Auftragsfolge festgelegt. Die geplanten Termine sind als Eckwerte zu verstehen. Das bedeutet, daß ein Auftrag nicht aufgrund dieser Zeitangaben veranlaßt wird, sondern zustandsgesteuert anhand des Auftragsfortschritts. Die Ist-Zeitpunkte markieren den tatsächlichen Arbeitsbeginn und das Arbeitsende.

Zeitangaben sind darüberhinaus auch für die Auftragsbeziehungen festgelegt. Eine prozentual zur Auftragsdauer bestimmte maximale und minimale Übergangszeit legt fest, wann ein Nachfolgeauftrag relativ zu seinem Vorgänger begonnen werden kann bzw. begonnen worden sein muß. Dieses Verhältnis kann positiv (Übergangszeit) oder negativ (Überlappung) sein. Die zustandsgesteuerte Veranlassung allein greift hier allerdings nicht mehr, so daß sie durch eine Zeitsteuerung zu ergänzen ist.

3.2.4.2 Objektmodell

Zur transparenten, systemübergreifenden Darstellung und Verwaltung der u.U. auf verschiedene Systeme verteilten Teiledaten, repräsentieren die Objekte des ALS die jeweiligen Informationseinheiten. Diese Objekte enthalten Referenzen auf diese Informationen z.B. durch Angabe des Systems und des systemspezifischen Zugriffs (Bild 3.9).

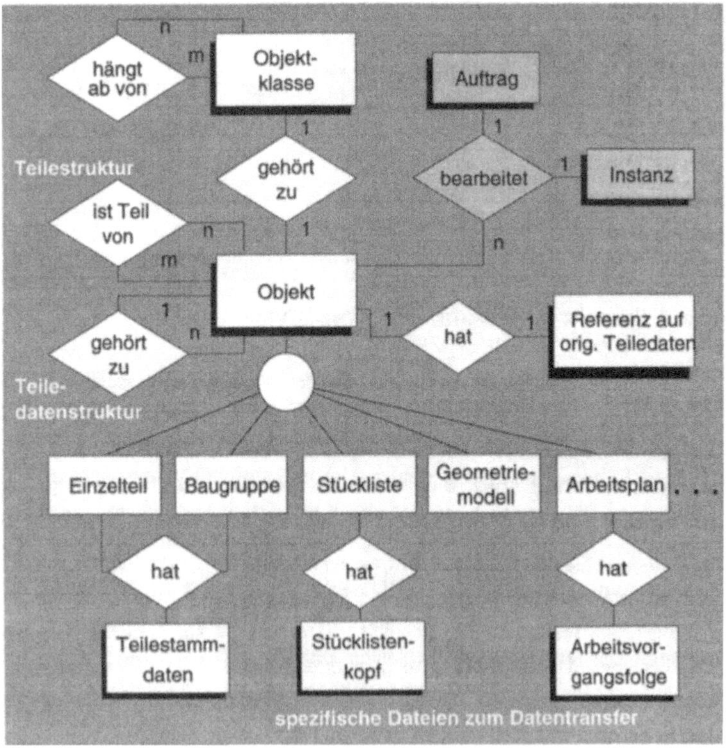

Bild 3.9: Entity-Relationship-Darstellung des Partialmodells "Objekt"

Identifizierende Merkmale

Jedes Objekt muß durch eine Identnummer eindeutig zu identifizieren sein. Es hat sich als günstig erwiesen, dafür nicht die Teilenummer zu verwenden, um bei der unternehmensspezifischen Vergabe von Teilnummern unabhängiger hinsichtlich Zeitpunkt und Aufbau zu sein. Außerdem sind nicht nur die Teile, sondern auch die zugehörigen Teiledaten und Dokumente eindeutig zu kennzeichnen. Die Vergabe der Objektnummer erfolgt automatisch durch Zuweisen einer fortlaufenden Zahl.

Gegebenenfalls ist durch die Objektidentifikation nach verschiedenen Versionen eines Objekts zu unterscheiden. Objektversionen wurden zur Reduzierung der Komplexität im weiteren nicht unterstützt. Das bedeutet, daß ein geändertes Objekt nicht zusätzlich dargestellt wird, sondern mit gleichbleibender Objektnummer und einem Änderungsstatus an die Stelle des alten Objekts tritt. Ein erster Ansatz zur Unterstützung von Versionen zeigte jedoch, daß nach Möglichkeit Objekt- und Versionsnummer zusammen einen eindeutigen Schlüssel darstellen sollten. Die vielfältigen Beziehungen eines Objekts lassen sich auf diese Weise um vieles leichter aufrecht erhalten, als wenn für jede Version eine neue Objektnummer vergeben würde.

Klassifizierende Merkmale

Die Systemflexibilität und -konfigurierbarkeit kann verbessert werden, wenn eher einheitliche, nicht zu stark gegliederte Datenstrukturen verwendet werden. Folglich sind die verschiedenen Objektarten durch Klassifizierung zu unterscheiden. Die Objektklassen sollten unternehmensspezifisch zu definieren sein, da beispielsweise in einem Unternehmen explizit Prüfpläne geführt werden, in anderen Unternehmen sind die Prüfschritte u.U. Bestandteil des Fertigungs- oder Montagearbeitsplans. Bild 3.10 zeigt beispielhaft die realisierten Klassen für Teile, Teiledaten und Dokumente. Gemäß der hierarchischen Einteilung der Klassen ergibt sich z.B. für die Darstellung einer generischen Prüfplaninformation der Klassifizierungsschlüssel 2.3.3, für eine Zeichnung ein Schlüssel von 3.1.

Analog zur Objektklasse "Teile" kann eine Objektklasse "Produktionsmittel" definiert werden, so daß sich Teile und Produktionsmittel nur durch die Klassifizierung (und den klassenspezifischen Merkmalen) unterscheiden, aus der systembezogenen Sicht der Aufgabenplanung und -abwicklung aber gleichwertig zu behandeln sind. Im Unternehmen zu fertigende Betriebsmittel, z.B. Vorrichtungen, sind so in einheitlicher Weise in den Produktdatenerstellungsprozeß miteinzubeziehen.

Objekthierarchie

Hierarchiebeziehungen zwischen Objekten legen die Struktur und Zusammengehörigkeit zwischen verschiedenen Teilinformationen eines Produkts bzw. Teiles fest. Diese Hier-

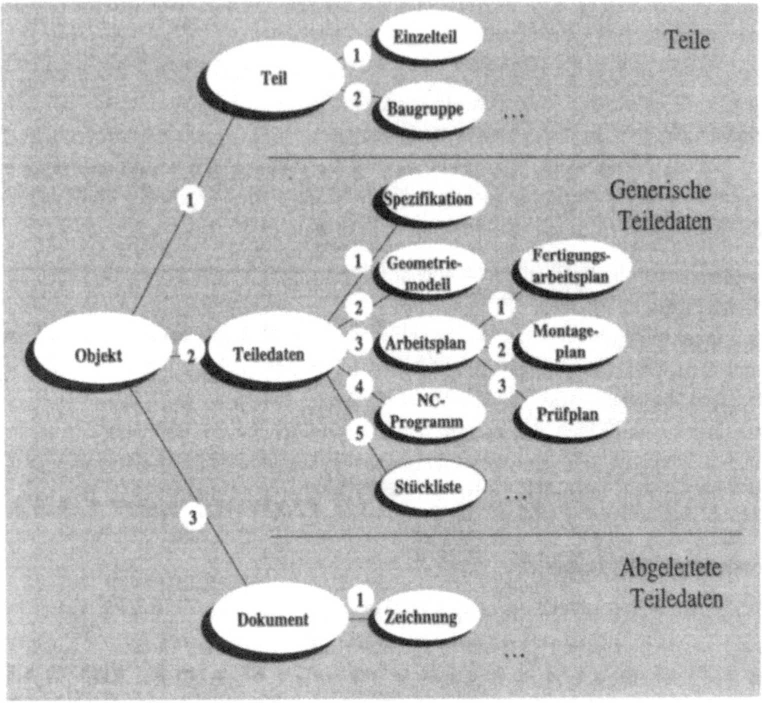

Bild 3.10: Beispielhafte Darstellung für die Klassifizierung von Objekten

archiebeziehungen sind nicht mit der Hierarchie der Objektklassen zu verwechseln. Die Beziehungen (gehört zu, besteht aus) dienen nach Bild 3.11 im einzelnen der Darstellung von

- Teilestrukturen,
- Teiledatenstrukturen und
- Dokumentenstrukturen.

Aus den einstufig vorliegenden Hierarchiebeziehungen können durch geeignete Datenbankabfragen verschiedene Stücklistenformen (Baukasten-, Strukturstücklisten und Teileverwendungsnachweise) abgeleitet werden. Für weitere Stücklistenformen, z.B. einer Montagestückliste, wären jedoch zusätzliche Strukturierungselemente von Nöten /Groß_92/. Da Stücklisten einerseits Strukturinformationen darstellen und andererseits auch ablauforganisatorische Informationen beinhalten, wird das Objekt 'Stückliste' nur durch den Stücklistenkopf repräsentiert, der Angaben über den Status, den Bearbeiter,

Datumsangaben bezüglich Erstellung und Gültigkeit usw. enthält. Der Stücklistenrumpf wird aus den Strukturdaten erzeugt.

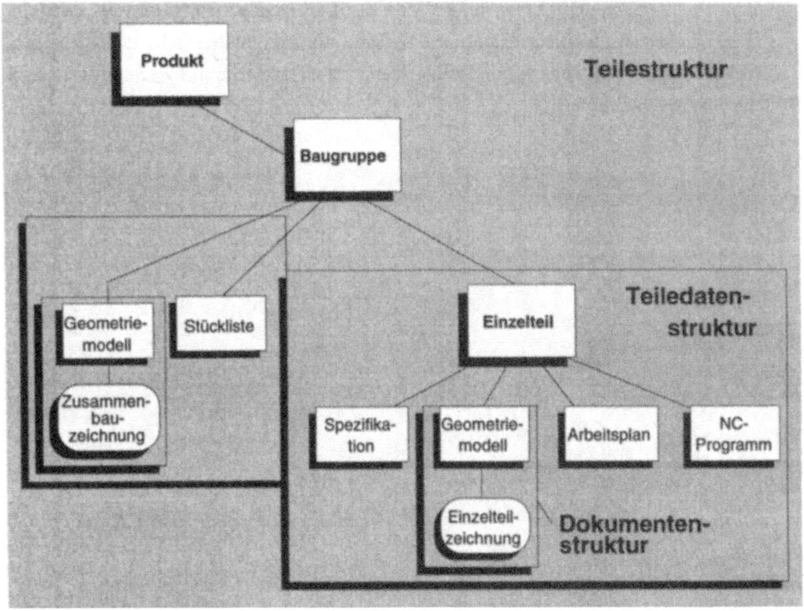

Bild 3.11: Beispiel einer Objekthierarchie

Teiledatenstrukturen kennzeichnen, welche generischen Teiledaten zu einem Bauteil gehören, die Dokumentenstruktur tut dies in gleicher Weise für die abgeleiteten Informationen.

Objektrelationen

Neben den hierarchischen Objektbeziehungen existieren weitere Relationen zwischen Objekten. Dies sind in erster Linie Abhängigkeiten, die dadurch entstehen, daß verschiedene Teileinformationen aufeinander aufbauen. Die Objektabhängigkeit kann für folgende Funktionen genutzt werden:

- Unterstützung der folgerichtigen Anordnung von Arbeitspaketen im Rahmen der Ablaufplanung
- Auslösen von Änderungs- und Benachrichtigungsmechanismen im Rahmen der Auftragssteuerung

Die Objektabhängigkeit wurde als Abhängigkeit zwischen Objektklassen modelliert (Bild 3.12) und wirkt zunächst ausschließlich zwischen Teilobjekten eines Teils, d.h. zwischen Teiledaten oder Dokumenten mit identischer Teilezugehörigkeit. Die Abhängigkeiten sind gerichtet und entsprechend den konfigurierbaren Objektklassen ebenfalls unternehmensspezifisch einzurichten. Gegenseitige Abhängigkeiten (z.B. zwischen einer Stücklistenstruktur und dem Modell einer Baugruppe) sind durch zwei symmetrische Einträge darstellbar.

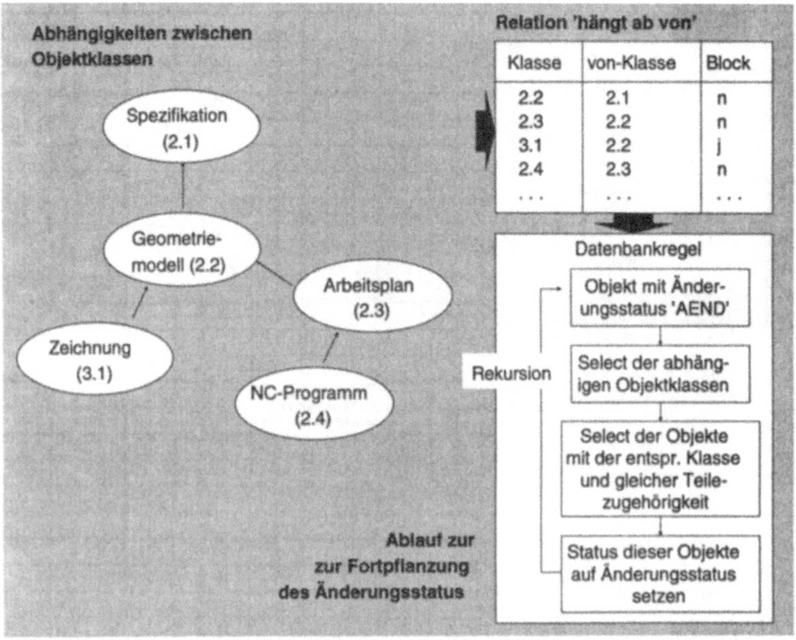

Bild 3.12: Darstellung von Abhängigkeiten zwischen Objektklassen

Auf die Untersuchung der funktionalen Abhängigkeit zwischen Bauteilen wurde verzichtet. Dies wäre notwendig, um die oben genannten Anwendungen der Abhängigkeit auf Teiledaten, welche zu unterschiedlichen Teilen gehören, auszudehnen. Funktionale Abhängigkeiten sind entsprechend der hier gezeigten Form nicht mehr durch Objektklassen darzustellen. Dafür müßten explizit die Objektnummern der betroffenen Teile angegeben werden. Ein Vorteil der Definition von Objektabhängigkeit durch Objektklassen ist jedoch die Übersichtlichkeit und die frühzeitige Nutzung zu Planungszwecken im Anschluß an die Produktkonfiguration.

In Hinblick auf die Planung kann außerdem die Information hinterlegt werden, daß die Abhängigkeit zwischen Objektklassen so groß ist, daß die zugehörigen Objekte in aller Regel nicht getrennt, sondern im Rahmen eines Auftrags bearbeitet werden sollten. Diese Objekte sind bei der Auftragsplanung gleichsam als "Block" zu behandeln. Beispielsweise werden die Zusammenbauzeichnung und die Stückliste einer Baugruppe automatisch immer dem gleichen Auftragselement zugeordnet. Im Bedarfsfall können solche Objekte aber manuell im Rahmen der graphisch-interaktiven Ablaufplanung getrennt werden.

Die Nutzung der Abhängigkeiten ist im Bild 3.12 exemplarisch an der Fortpflanzung des Änderungszustandes für Objekte gezeigt. Die vorhandene Datenbankregel zur Überwachung des Objektzustandes wirkt bei Vorhandensein weiterer, abhängiger Objekte automatisch rekursiv, so daß alle Objekte entgegen der Pfeilrichtung den Änderungsstatus erhalten /Ingr_92/. Zur Vermeidung von Endlosschleifen bei symmetrischen Abhängigkeiten ist der Status des jeweils angestoßenen Objekts nochmals mit zu betrachten.

Objektzustand

Ein Objekt nimmt im Laufe seiner Erstellung verschiedene Zustände ein. Diese sind durch einen entsprechenden Objektstatus zu kennzeichnen. Wesentlich ist hier der Zeitpunkt, zu dem der Lebenszyklus eines Objekts beginnt. Während beispielsweise in herkömmlichen Teileverwaltungssystemen Einträge erst für bereits erstellte Teiledaten erfolgen, kann ein möglichst frühzeitiger Eintrag die Transparenz über den Erstellungsprozeß erhöhen. So wurde ein graphischer Produktdatenmonitor erstellt, der neben den erstellten und in Arbeit befindlichen Objekten auch alle voraussichtlich noch zu erstellenden Teiledaten symbolisch darstellt.

Im vorliegenden Fall erfolgt eine Objektgenerierung zu Beginn der Auftragsplanung durch die kundenspezifische Auftragsklärung, wobei Art und Anzahl der Objekte bei einer Variantenkonstruktion von den Referenzteilen übernommen werden. Die Objekte stellen sozusagen zunächst nur "Objekthülsen" dar, zu denen lediglich die Identnummer, Klassenschlüssel sowie die Hierarchiebeziehungen zur übernommenen Objektstruktur existieren. Weitere Daten, u.a. auch die Teilenummer, werden im Verlauf der Auftragsausführung ergänzt.

Objektspezifische Daten

Durch die verallgemeinerte Darstellung von Teilen, Teiledaten und Dokumenten in einer gemeinsamen Objektstruktur fallen spezifische Daten nur klassenspezifisch an. Das bedeutet, daß die spezifischen Informationen eines Teils oder eines Arbeitsplans, die nicht in das Objektschema passen, in speziellen Dateien abgelegt werden.

Im vorliegenden Fall wurden Datenstrukturen nur für solche Dateninhalte angelegt, die im Rahmen der Auftragsabwicklung in das PPS-System zu übertragen sind (z.B. Teile-, Stücklisten- und Arbeitsplandaten). Diese Dateien werden als neutrale Schnittstelle genutzt (vgl. Bild 3.9). Gegebenenfalls sollte untersucht werden, ob diese Daten zur Vermeidung von Datenredundanzen nach Abwicklung der Produktdatenerstellung aus den Dateien entfernt werden können, um sie im Bedarfsfall neu aus dem PPS-System zu laden und dort als 'entnommen' zu kennzeichnen.

3.2.4.3 Instanzenmodell

Das Instanzenmodell hat die Aufgabe, das kapazitive Leistungsvermögen des Unternehmens bezüglich der Aufgabenabwicklung in Konstruktion und Arbeitsplanung abzubilden. Dieses wird im engeren Sinne durch

- die Kapazitätsstruktur und fachbezogenen Fähigkeiten der Stellen sowie
- die verfügbaren Hilfsmittel und Systeme bestimmt.

Von besonderer Bedeutung für die Gestaltung des Instanzenmodells ist dabei, daß eine übergeordnete Kapazitätseinheit, z.B. eine Abteilung oder ein Bereich, im Normalfall nur über die Kapazitäten verfügen kann, die ihr die Mitarbeiter anbieten. Dies erfordert ein hierarchisches Kapazitätsmodell, in dem die vertikale Durchgängigkeit für ein aktuelles Abbild der Kapazitätssituation auf verschiedenen Hierarchieebenen sorgt.

Systemstrukturen

Die rechnerunterstützten Systeme und Systemverbindungen haben einen Anteil an der Effizienz der Auftragsabwicklung im Fertigungsvorfeld. Die Einbeziehung dieser Systemstrukturen in die Planung, z.B. zur Berücksichtigung eventueller Kapazitätseinschränkungen, gestaltet sich aber schwierig. Es stellt sich zudem die Frage, ob dies aus der Sicht der auftragsbezogenen Planung überhaupt eine relevante Fragestellung ist. Folgende Punkte sind hier anzusprechen:

- Im Fall der kundenspezifischen Auftragsabwicklung kann davon ausgegangen werden, daß die entsprechenden Systeme und Systemverbindungen zur durchgängigen Auftragsbearbeitung im Unternehmen bekannt sind.
- Stehen mehrere Systeme zur Verfügung, kann die Entscheidung über die geeigneten Hilfsmittel dem u.U. größeren Sachverstand der Mitarbeiter überlassen bleiben.
- Eine Berücksichtigung der Systeme bei einer Kapazitätsbetrachtung würde sich sehr komplex gestalten, da zu einer Auftragsbearbeitung u.U. mehrere Systeme heranzuziehen sind und der Zusammenhang von Systemen, Lizenzen und Arbeitsplätzen

bei nur teilweise hardwareunabhängigen Systemen sehr schwer zu berücksichtigen ist.

Die an das Instanzenmodell angegliederten Systemdaten haben also lediglich die Funktion, bei der Erstellung von Daten oder Dokumenten diese Objekte automatisch mit einer Systemkennzeichnung zu versehen (Bild 3.13). Bei der weiteren Verwendung oder wiederholten Nutzung dieser Information können Hinweise auf den systemspezifischen Zugriff bzw. auf erforderliche Maßnahmen zur Datenübertragung in andere Systeme gegeben werden.

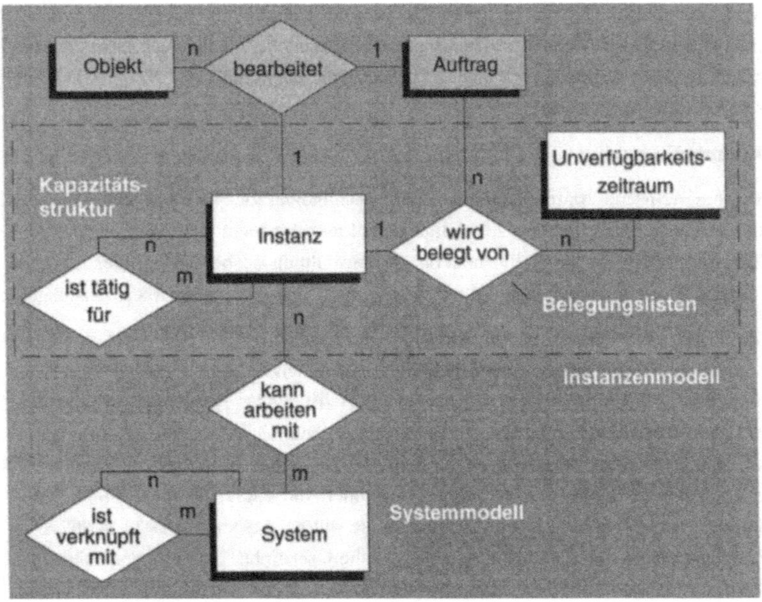

Bild 3.13: Strukturdarstellung des Unternehmensmodells

Identifizierung von Instanzen

Die Formalisierung von Arbeitsabläufen verlangt die Kennzeichnung von Instanzen (Abteilungen, Gruppen, Mitarbeiter) durch eine eindeutige Identifikationsnummer. Mit ihrer Hilfe werden sowohl die Hierarchiebeziehungen als auch die Zuordnung zu Aufträgen und Objekten hergestellt. Die Identnummer kann durch weitere "lesbare" Identmerkmale wie z.B. der Personalnummer und Namensbezeichnungen ergänzt werden.

Klassifizierende Instanzmerkmale

Die Zuordnung von klassifizierenden Merkmalen zu Instanzen hat die Aufgabe, diese hinsichtlich ihrer Funktion und fachlicher Schwerpunkte einzuteilen und somit den Auftragsplaner bei der Auswahl geeigneter Aufgabenträger zu unterstützen. Im Vordergrund stehen also fachbezogene und nicht etwa personenbezogene Merkmale. Dabei ist zu berücksichtigen, daß den Instanzen mehrere Merkmale aus einer oder mehreren Merkmalsklassen u.U. mit einer Gewichtung zuordenbar sein sollten.

Beispielsweise ist eine Instanz durch das Funktionsmerkmal "Konstruktion" und die Verfahrensmerkmale "Gießen" oder "Blechbearbeitung" zu kennzeichnen, wenn Guß- bzw. Blechkonstruktionen ihr bevorzugtes Tätigkeitsfeld sind. Je nach Gewichtung kann daraufhin eine optionale, für den Auftragsplaner nicht bindende Vorauswahl von Instanzen getroffen werden.

Instanzenhierarchie

Die hierarchische Anordnung von Kapazitätseinheiten zu einer Kapazitätsstruktur hat die Einplanungsmöglichkeit von Aufgaben auf verschiedenen Planungsebenen zum Ziel. Die wesentlichen Fragen, die hier bei der Gestaltung zu berücksichtigen sind, lauten 'Wer stellt wem seine Kapazität zur Verfügung ?' und 'Wer plant diese Kapazitäten?'.

Die Kapazitätsstruktur ist somit sorgsam zu unterscheiden von der Aufbauorganisation, welche die Weisungsbefugnis von Stellen untereinander regelt. Es haben sich in der Praxis verschiedene Organisationsformen (z.B. Ein- oder Mehrlinienorganisation, Divisional- oder Matrixorganisation) entwickelt /Wien_83, Groc_80/, die datentechnisch als Überlagerung mehrerer hierarchischer Strukturen dargestellt werden können. Würde aber in einem durchgängigem Kapazitätsmodell die Kapazität einer Stelle jeder der übergeordneten Stellen angeboten werden, so würde dies einerseits zu Konflikten bei der Kapazitätsvergabe und zum anderen zu einem scheinbar größeren Kapazitätsangebot der übergeordneten Stellen führen.

In der Instanzenhierarchie ist also bei mehreren übergeordneten Stellen anhand eines Zeigers zu kennzeichnen, wem die Kapazität der untergeordneten Stellen in welchem Umfang angeboten wird. Dies entspricht durchaus der Praxis, indem vor allem bei gemischten Organisationsformen, wie z.B. der Matrixorganisation, auch zwischen dem Fachvorgesetzten und dem disziplinarischen Vorgesetzten unterschieden wird. An der obersten Stelle in der Kapazitätsstruktur steht die Auftragsleitstelle.

Instanzspezifische Merkmale

Neben den Merkmalen, die das Fachgebiet einer Instanz kennzeichnen, bestimmen in erster Linie natürlich kapazitive Merkmale das Leistungsvermögen der Abteilungen. Die Kapazität kann durch folgende Größen näher beschrieben werden:

- Theoretisch freie Kapazität (Arbeitsstunden/Tag) differenziert nach Aufträge und Angebote
- Arbeitszeitanteil, der von einer Instanz zum unmittelbaren Projektfortschritt aufgebracht werden kann
- Unverfügbarkeitszeiträume

Diese Größen sind Funktionen der Zeit und werden daher in der Regel bezogen auf Planungsabschnitte angegeben. Temporäre Schwankungen der theoretisch verfügbaren Kapazität können berücksichtigt werden, indem Unverfügbarkeiten auch prozentual zur normalen Arbeitszeit anzugeben sind. Die tatsächlich freie Kapazität kann aus einer abschnittsweisen Gegenüberstellung der theoretisch freien Kapazität und der in den Belegungslisten eingetragenen Aufträge bzw. Unverfügbarkeitszeiträume errechnet werden.

Die Aktualisierung des Kapazitätsmodells erfolgt ereignisorientiert. D.h. mit Abschluß jeder Änderung (z.B. Eintragen eines Unverfügbarkeitszeitraums, individuelle Veränderung einer Kapazitätsgrenze) werden die veränderten Kapazitätsdaten der Mitarbeiter auf das Kapazitätsangebot übergeordneter Instanzen übertragen. Eine Berechnung des tatsächlichen Kapazitätsangebotes erfolgt auf Anfrage.

3.2.5 Verknüpfung der Partialmodelle

Zwischen den definierten Partialmodellen "Auftrag", "Objekt" und "Instanz" existieren Beziehungen, dadurch daß die verschiedenen Objekte im Rahmen von Aufträgen bearbeitet werden und für die Bearbeitung eines Auftrags eine Instanz zu benennen ist. Diese Beziehungen sind formal darzustellen.

Zum einen ist die Zuordnung zwischen Aufträgen und Instanzen Grundlage der Planungs- und Steuerungsfunktionen, bei denen belastete und belastende Größen gegenübergestellt werden müssen. Dies entspricht der bereits bekannten Planungsproblematik und wird im vorliegenden Fall durch das Führen von **instanzbezogenen Belegungslisten** gelöst.

Eine in dieser Form bisher nicht diskutierte Problemstellung ist die Zuordnung von Objekten (als Repräsentanten der verschiedenen Teileinformationen) zu Aufträgen durch

Zugriffslisten. Die Bedeutung dieser Beziehungen liegt in der besseren Aktualisierbarkeit der Auftragssituation aufgrund der objektbezogenen und damit automatisierbaren Rückmeldungen.

- Durch die transparente Darstellung der aktuellen Auftragssituation wird die Qualität der Auftragsplanung erhöht und damit bessere Voraussetzungen für korrekte Steuerungseingriffe geschaffen (Aktuelle Planung und mehr Entscheidungssicherheit bei Steuerungsmaßnahmen).
- Die flexible Zuordnung von Objekten, die im Rahmen der Auftragsplanung kundenspezifisch konfiguriert werden können, zu Aufträgen erlaubt schließlich eine einfache und schnelle Zieldefinition und Planwertfindung für diese Aufträge (Vereinfachung und Flexibilisierung der Planung).

3.2.5.1 Verknüpfung durch Zugriffslisten

Realisiert wurde die Objekt/Auftrags-Beziehung in Form zweier Zugriffslisten (Bild 3.14). Eine erste Liste verwaltet die aktuellen Zugriffe, in einer zweiten Liste werden u.a. die Summenwerte der für ein Objekt aufgewendeten Bearbeitungszeit geführt. Der Einsatz der Listen ist im nachfolgenden nochmals ausführlicher erklärt.

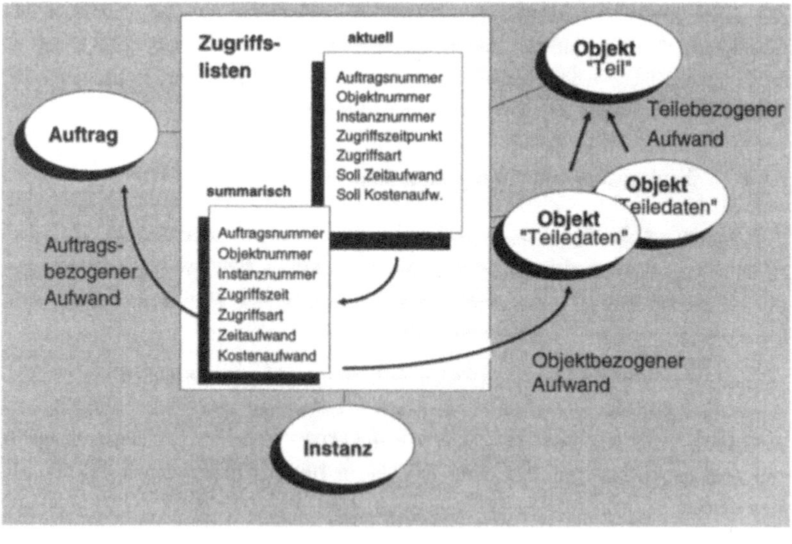

Bild 3.14: Verknüpfung der Partialmodelle mithilfe von Zugriffslisten

Aktuelle Zugriffsliste

Diese Liste verwaltet die aktuellen Zuordnungen von einem oder mehreren Objekten zu einem Auftrag. Dabei wird zwischen 2 Zugriffsarten unterschieden:

- Ein **generierender Zugriff** kennzeichnet, daß das zugeordnete Objekt im Rahmen dieses Auftrags generiert oder modifiziert wird. Der Eintrag erfolgt durch die erstmalige Zuordnung eines Objekts zu einem Auftrag im Rahmen der Auftragsplanung. Dadurch können bereits vorab Mitteilungen an nachfolgende Aufträge, welche abhängige Objekte bearbeiten, versendet werden.
- Ein **lesender Zugriff** zeigt die Verwendung von Teiledaten an, ohne daß diese dabei verändert werden. Der Eintrag erfolgt hier z.B. durch den Auftragsausführenden, der ein Objekt als eine für ihn wichtige Information kennzeichnet. Aufgrund des lesenden Zugriffs wird dieser Auftrag bzw. dessen Bearbeiter unabhängig von einer evtl. bestehenden Objektabhängigkeit über Änderungen informiert.

Wird ein Objekt bearbeitet (generierender Zugriff), so wird der Bearbeitungsbeginn in die Liste eingetragen. Die Zeitspanne bis zum Bearbeitungsende wird dem Objekt als reale Bearbeitungszeit zugeschlagen und in die summarische Zugriffsliste eingetragen. Außerdem enthält die aktuelle Zugriffsliste den geplanten Aufwand für eine Bearbeitungssituation. Die Bearbeitungszeit ist also ein Attribut des Zugriffs eines Auftrags auf ein Objekt (n:m-Beziehung). Folgende Randbedingungen sind zu beachten:

- Ein Auftrag kann mehrere Objekte bearbeiten
- Ein Objekt kann auch im Rahmen verschiedener Aufträge bearbeitet werden! Dies wird z.B. deutlich im Änderungsfall, in dem ein weiterer Auftrag existieren kann, der modifizierend auf ein Objekt zugreift.

Die Einträge der aktuellen Zugriffsliste werden entfernt durch explizites Lösen der Zuordnung oder Löschen der Aufträge nach Projektabschluß.

Summarische Zugriffsliste

Der Übertrag in die summarische Zugriffsliste erfolgt nur bei generierendem Zugriff, da nur der Zeitaufwand für zu erstellende Objekte von Interesse ist. Durch Verrechnung des Zeitaufwandes mit den Kostensätzen aus dem Unternehmensmodell werden so die aktuellen Kosten der Produktdatenerstellung ermittelt. Dadurch, daß die aktuellen Zeit- und Kostenwerte über einen Auftrags- sowie einen Objektbezug verfügen, ist sowohl eine auftragsbezogene wie auch eine objektbezogene Auswertung möglich (vgl. Bild 3.14). Ein Regelwerk wurde implementiert, um diese Werte anhand der Objekt- bzw.

Auftragshierarchie zu projekt- bzw. teilebezogenen Angaben zu verdichten. Diese Implementierung sichert die Konsistenz und Aktualität der vorliegenden Daten.

3.2.5.2 Verknüpfung durch Belegungslisten

Für jede Instanz wird eine Belegungsliste geführt, in der während der Planung und Auftragsausführung die zeitliche Lage und der Status von zugeordneten Aufträgen festgehalten und durch die Rückmeldungen schritthaltend aktualisiert werden.

Die Belegungslisten dienen zusammen mit den Listen für Unverfügbarkeitszeiträume der Erzeugung der Kapazitätsverläufe. Dabei wurde die zeitgleiche Belegung einer Instanz durch mehr als einen Auftrag bewußt zugelassen. Ein Kapazitätsabgleich, mit dem eine Belastung von Instanzen überhalb der Belastungsgrenze abzubauen ist, kann also entweder durch Sequentialisierung oder durch zeitliches Strecken von Aufträgen erreicht werden.

3.2.5.3 Merkmalsunterstützte Auftragsabwicklung

Das Auftragsleitsystem berücksichtigt mit der vorliegenden Konzeption in besonderem Maße unternehmensspezifische Gegebenheiten, indem u.a. verschiedene Auftragsarten und Objekttypen dargestellt werden können. Die Anpassungsfähigkeit und Flexibilität eines Systems kann durch verallgemeinerte Datenstrukturen und konfigurierbare Klassifizierung erreicht werden. Die vorhandenen Merkmale sollten also zur Verringerung der theoretisch größer werdenden Zuordnungsvielfalt einzusetzen sein. Dabei ist nach Möglichkeit auch die Summe verschiedener Merkmale als Auswahlkriterium zur Zuordnung weiterer Datensätze zu nutzen. Dies ermöglicht die Vorauswahl der relevanten Datensätze, wodurch die Planung vereinfacht und beschleunigt wird.

Neben den bereits vorgestellten Merkmalsklassen für Objekte sollten gegebenenfalls weitere Merkmale und Merkmalsklassen z.B. bezogen auf das Herstellverfahren hinterlegt werden können (Bild 3.15). Im Verlauf der kundenspezifischen Produktkonfiguration könnte z.B. ein Getriebeteil bestimmt worden sein, das hinsichtlich seiner Abmessungen zu variieren ist und für das nun Arbeitsunterlagen zu erstellen sind. Anhand der Produkt- und Auftragsmerkmale wird ein entsprechender Standardablauf 'Variation eines Getriebeteils mit Herstellverfahren Gießen' ausgewählt. Bei der Zuordnung der zu erstellenden Objekte (Zeichnungen, Arbeitsplan usw.) zu den Ablaufelementen wird das Tätigkeitsmerkmal 'Arbeitsplanung' zusätzlich mit herangezogen. Der so entstandene Arbeitsplanungsauftrag ist einem Mitarbeiter zu übergeben. Aus der Gruppe der Arbeitsplaner kann aufgrund der bisher gesammelten Merkmale der geeignete Mitarbeiter zur Arbeitsplanerstellung eines Getriebeteiles aus Guß gefunden werden.

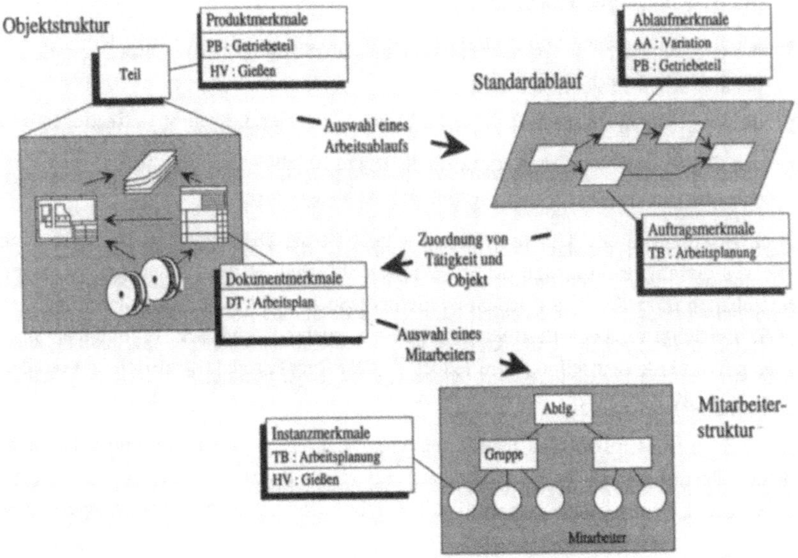

Bild 3.15: Beispiel einer merkmalsunterstützten Auftragsplanung

Die Menge der jeweils aktiven Suchmerkmale ist dem Auftragsplaner nach Möglichkeit so zu visualisieren, daß er sie als Suchkriterium aktivieren und deaktivieren kann. Damit ist zu verhindern, daß die Merkmale nicht zu einer zu starken Einschränkung des Planers führen.

3.2.5.4 Modell zur Produktspezifikation und -dokumentation

Verzögerungen in der Konstruktion und Arbeitsplanung sind in einer Vielzahl von Fällen auf ungenaue Aufgabenstellungen und nicht geklärte Anforderungen zurückzuführen, die entsprechende Korrekturen und Iterationsschleifen zur Folge haben /Broc_89, Groß_92/. Daher sollten auch die Anforderungen, die an ein Produkt sowie auch Einzelteile oder Produktionsmittel zu stellen sind, erfaßt und wie die übrigen Teiledaten auch in die Aufgabenabwicklung des Auftragsleitsystems miteinbezogen werden.

Die Bedeutung eines rechnerunterstützten und in die Auftragsabwicklung integrierten Spezifikationswesens liegt somit

- in der frühzeitigen Fixierung von externen wie internen Anforderungen (z.B. auch der Änderungsanforderungen),
- der Bekanntmachung von zentral und redundanzfrei gehaltenen Anforderungen gegenüber allen Projektbeteiligten,
- der Möglichkeit sukzessiver Ergänzung und Aktualisierung von Spezifikationen und
- der Gewinnung von Transparenz durch Dokumentation und Begründung von Entscheidungen im Zusammenhang mit den Anforderungen.

Nach Erfahrungen aus dem Projektmanagement ist die Darstellung in Textform nach wie vor die allgemeinste und daher flexibelste Art und Weise, Produktanforderungen festzuhalten /Plat_86/. Von Nachteil ist hierbei jedoch, daß im Text enthaltene Angaben (z.B. Leistungsangaben) unstrukturiert und i.a. nicht automatisch verarbeitbar sind. Eine strukturierte Darstellung wird jedoch in aller Regel produktspezifisch zu gestalten sein /Klei_89, Groß_92/.

Die Informationsstruktur des realisierten Spezifikationssystems ist in Bild 3.16 angedeutet. Spezifikationen bestehen demnach aus einem Spezifikationsrumpf, der identifizierende, klassifizierende Angaben, eine Kurzbezeichnung sowie Strukturangaben ent-

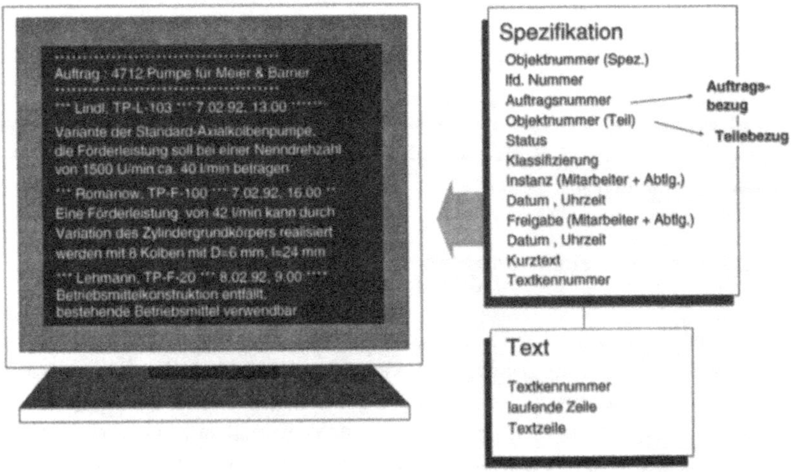

Bild 3.16: Informationsstruktur des Spezifikationswesens und Beispiel einer auftragsbezogenen Ausgabe

hält, und dem eigentlichen Spezifikationstext. Der Text kann mithilfe einiger realisierter Editorfunktionen eingegeben werden. Mit der weiteren Entwicklung der Datenbanksysteme werden dafür künftig integrierte Textverarbeitungssysteme verfügbar sein /Pars_89/.

Im vorliegenden Fall werden die Spezifikationen aufgrund ihrer Bedeutung wie die übrigen Teiledaten als Bestandteil der Objektstruktur von Baugruppen und Einzelteilen betrachtet. Sie stehen damit auch noch nach Projektabschluß zu Dokumentationszwecken zur Verfügung, wenn die Auftragsdaten bereits gelöscht wurden.

Von besonderer Bedeutung für die effiziente Nutzung der Information sind die weiteren Strukurierungsmerkmale. Durch den zusätzlichen Auftragsbezug wird sowohl eine schnelle Auswertung in auftrags- wie auch in objektbezogener Hinsicht ermöglicht. Auch die übrigen Angaben des Spezifikationsrumpfes (Ersteller, Datum, Status usw.) sollten als Merkmal zur Auswertung einzusetzen sein.

Identifizierende und klassifizierende Daten

Jede Spezifikation ist anhand einer eindeutigen Objektnummer zu identifizieren, um darauf Bezug nehmen zu können. Mithilfe von Klassifizierungsmerkmalen kann nach verschiedenen Spezifikationsarten unterschieden werden (Bild 3.17). Im vorliegenden Fall wurde beispielsweise in einer ersten Unterklasse nach

- internen und
- externen Anforderungen (Kundenwunsch)

unterschieden, um die Herkunft einer Anforderung zu kennzeichnen. In einem zweiten Klassifizierungsschritt erfolgt eine Einteilung in Hinblick auf die auszulösenden Aktionen einer Spezifikation:

- Anforderung
- Änderungsanforderungen (verlangt eine Freigabe)
- Kommentar zur Spezifikation

Spezifikationsstruktur

Spezifikationen sind effizienter zu nutzen, wenn sie in strukturierter Form vorliegen. Wie erwähnt wurde zur wiederholten Nutzung von Spezifikationen eine objektbezogene Struktur gewählt. Sie werden wie andere Objekte auch in die Teiledatenstruktur aufgenommen. Sie erhalten darüberhinaus direkte Referenzen auf den Auftrag, in dessen Zusammenhang sie erstellt wurden (Kundenanforderungen beziehen sich z.B. auf das Produkt und das Projekt).

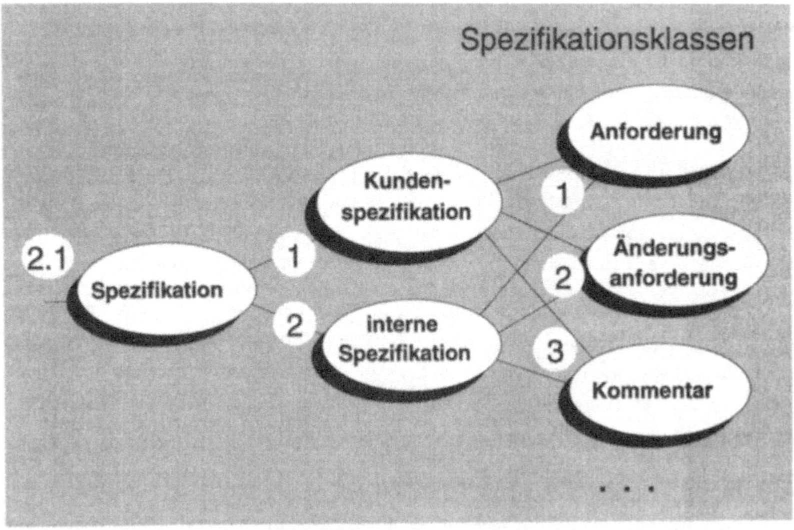

Bild 3.17: Klassifizierung der Spezifikationen

Beziehungen zu Instanzen geben an, wer die jeweilige Spezifikation erstellt hat. In Abhängigkeit von instanz- und spezifikationsspezifischen Merkmalen wird weiterhin die Eingabe einer Freigabeinstanz gefordert, die z.B. im Änderungsfall über die Umsetzung dieser Anforderung zu entscheiden hat.

Statusangaben

Über die Gültigkeit einer Spezifikation entscheidet ein Statusfeld. Dies ist vor allem bei Änderungsspezifikationen von Bedeutung. Darüberhinaus müssen insbesondere überholte Spezifikationen zu kennzeichnen sein.

3.2.6 Kommunikationskomponente

Eine Kommunikationskomponente stellt für das ALS einen wesentlichen Bestandteil dar, um die beteiligten Mitarbeiter über eingetretene Ereignisse zu informieren. Derartige Ereignisse können beispielsweise sein:

- Eingetretene oder zu erwartende Terminverzüge
- Änderungsankündigungen und Änderungsabsichten
- Änderungen bei den Planvorgaben

- Beginn oder Ende von Arbeitsprozessen

Das Kennzeichen der Kommunikation ist, daß neben der Übertragung von Daten eine Synchronisation der Arbeitsprozesse stattfindet /Teic_90/. Unter Synchronisation ist hier die Registrierung, d.h. das Erkennen des Übertragungsvorganges, zu verstehen.

Zur Realisierung einer datentechnischen Synchronisation stehen heute verschiedene Mechanismen zur Verfügung. Sie unterscheiden sich in der Art und Weise, wie der Empfängerprozeß von einem Ereignis erfährt. Bei datentechnischen Kommunikationsvorgängen wird hier beispielsweise unterschieden, ob der Empfängerprozeß auf ein Ereignis wartet, in regelmäßigen Abständen das Eintreten (oder Nichteintreten) eines Ereignisses überwacht ('Trigger') oder kurzzeitig von einem Koordinierungsprozeß unterbrochen wird ('Event-Handler').

Zur Kommunikation zwischen rechnerunterstützten Konstruktions- und Planungsaufgaben bieten sich Mailing-Systeme an, welche sowohl einen Austausch von kurzen Mitteilungen als auch ein visuelles und akustisches Anzeigen beinhalten, ohne direkt den Programmablauf des Empfängers zu beeinflussen. Folgende Randbedingungen sollten allerdings bei der Integration eines Mailing-Systems in das ALS erfüllt sein:

- Automatisches Generieren von Mitteilungstexten in Abhängigkeit der Art des Ereignisses (z.B. 'Terminverzug in Teilprojekt: 0815')
- Automatische Adressierung der Mails an einen oder mehrere Teilnehmer
- Pufferung neuer Nachrichten und Speichermöglichkeit für gelesene Mitteilungen
- Gegebenenfalls Bestätigungsmechanismen für Versendung und Erhalt von Nachrichten (z.B. durch Statusangaben 'verschickt', 'gelesen')

Neben dem Generieren und Versenden einer Mitteilung ist weiterhin das Erkennen eines eingetretenen Ereignisses datentechnisch zu lösen. Nicht immer wird ein Ereignis, wie z.B. bei einer Änderungsanforderung, als solches durch einen Mitarbeiter formuliert. In anderen Fällen, z.B. einer Terminüberschreitung, sind u.U. zuerst Daten zu überprüfen und auszuwerten, um das Ereignis zu erkennen. Die dafür notwendigen Bedingungen können innerhalb einer Datenbank durch Datenbankregeln dargestellt werden /Ingr_92/. Dies soll anhand des in Bild 3.18 gezeigten Beispiels verdeutlicht werden.

Aufträge verfügen über Zugriffe auf die zu bearbeitenden Objekte. Beispielsweise ist dem Konstruktionsauftrag die Geometrie des Werkstücks zugeordnet, dem NC-Programmierauftrag das zu erstellende NC-Programm. Objekte weisen untereinander Abhängigkeiten auf. Das NC-Programm bezieht sich unmittelbar auf die Werkstückgeometrie. Wird das Geometriemodell verändert (Änderungsstatus eingetreten), während das NC-Programm bereits bearbeitet wird, so wird eine Mail ('5. Jan. 1993: Geometrie zu Bauteil xyz geändert') an die betreffende Instanz erzeugt. Auch alle weiteren Aufgabenträger, deren Auftrag einen entsprechenden Status hat, erhalten diese Mitteilung.

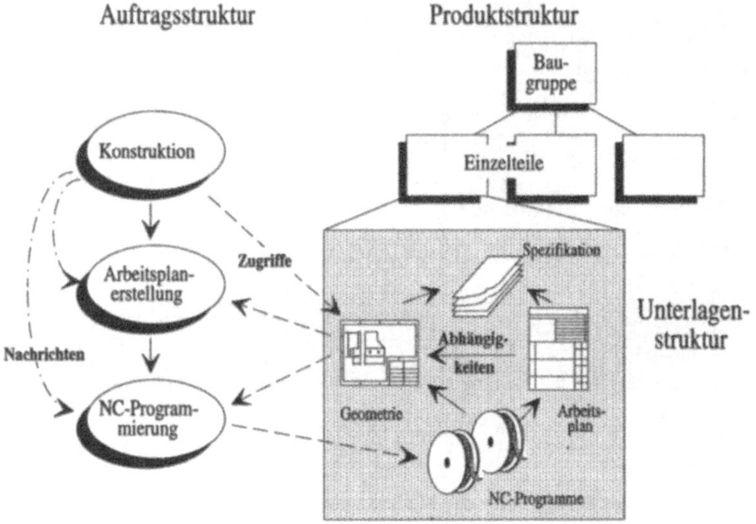

Bild 3.18: Kommunikation von Arbeitsprozessen durch Bearbeitung abhängiger Teiledaten

3.3 Zusammenfassung

Im vorangegangenen Kapitel wurde das Informationsmodell eines integrierten Auftragsleitsystems vorgestellt. Die Funktion des Modells besteht in der Verbindung der auftragsbezogenen Datensicht der Auftragsabwicklung mit der objektbezogenen Datensicht der Produktdatenerstellungsprozesse. Analog zu den Grundgrößen einer Aufgabenerfüllung (Auftrag, Objekt und Instanz) wurden drei Partialmodelle des ALS definiert.

Die formale Trennung und flexible Verknüpfung von Aufträgen (ablauforganisatorisch steuernde Information) und Objekten (Ergebnis und zugleich zielorientierte Aufgabenbeschreibung) als belastende Größen trägt dabei erheblich zur Abbildungsfähigkeit der vernetzten Arbeitsprozesse in Konstruktion und Arbeitsplanung bei. Ein Instanzenmodell beschreibt die Kapazitätsstruktur dieser Bereiche. Diese Grundstruktur wird ergänzt durch eine Kommunikationskomponente sowie einem Spezifikationsmodell zur redundanzfreien Darstellung und sukzessiven Ergänzung von Produktanforderungen. Die gewählte Grundstruktur zeichnet sich durch folgende Merkmale aus:

- Sukzessive Gliederungsmöglichkeit für Aufgaben durch ein hierarchisches Auftragsmodell
- Systemübergeordnete, konfigurierbare und transparente Abbildung aller Teiledaten eines Teiles (einschließlich der Teileanforderungen) durch das Objektmodell, Darstellung der Hierarchiebeziehungen und Abhängigkeiten der Objekte zur frühzeitigen, prozeßbegleitenden Unterstützung von Querbeziehungen bei der Auftragsbearbeitung
- Flexibilität bei der Auftragsplanung und -steuerung durch merkmalsunterstützte oder interaktive Zuordnung von Objekten zu Aufträgen
- Nach Objekten differenzierte Bearbeitungszeiterfassung als Basis zur Bestimmung von Zeit- und zeitproportionalen Kostenwerten (Soll und Ist-Werte), Möglichkeit zur produkt- wie auftragsbezogenen Verdichtung

Nicht unproblematisch mag die Existenz zweier überlagerter Strukturen, der Auftragsstruktur (zeitlich-logische Abfolge von Aufgabenpaketen) und der Objektstruktur (Zusammengehörigkeit und Abhängigkeit der Teiledaten), sein, da diese Strukturen nicht voneinander unabhängig sind. Beide Strukturen sind aber notwendig. Die Auftragsstruktur wird im folgenden bei der Auftragsplanung zur Terminierung einzelner Aufgabenpakete herangezogen, was allein auf der Basis der Objektstrukturen nicht möglich ist. Die Objekthierarchie und Objektabhängigkeit aufgrund von Objektklassen stellt zusätzliche Beziehungen her, welche für folgende Anwendungsfälle gedacht ist:

- Flexible Generierung von Aufgabenpaketen und Auftragsfolgen
- Unterstützung der nicht planbaren Kommunikation zwischen abhängigen Teilaufgaben unabhängig von der Auftragsstruktur
- Unterstützung der Auftragsveranlassung aufgrund des feststellbaren Arbeitsfortschritts (Objektzustand)

Im Anschluß an die Ausführungen zum Datenmodell beschreibt Kapitel 4 die Module des Auftragsleitsystems.

4 Module des Auftragsleitsystems

4.1 Übersicht

In Kapitel 4 werden einzelne Funktionsbausteine dargestellt, welche zur Unterstützung einer rechnerintegrierten Auftragsabwicklung im Fertigungsvorfeld konzipiert und im Ansatz realisiert wurden. Nach Funktionsbereichen kann unterschieden werden in die Bereiche

- Auftragsplanung sowie
- Auftragsüberwachung und -steuerung (Bild 4.1).

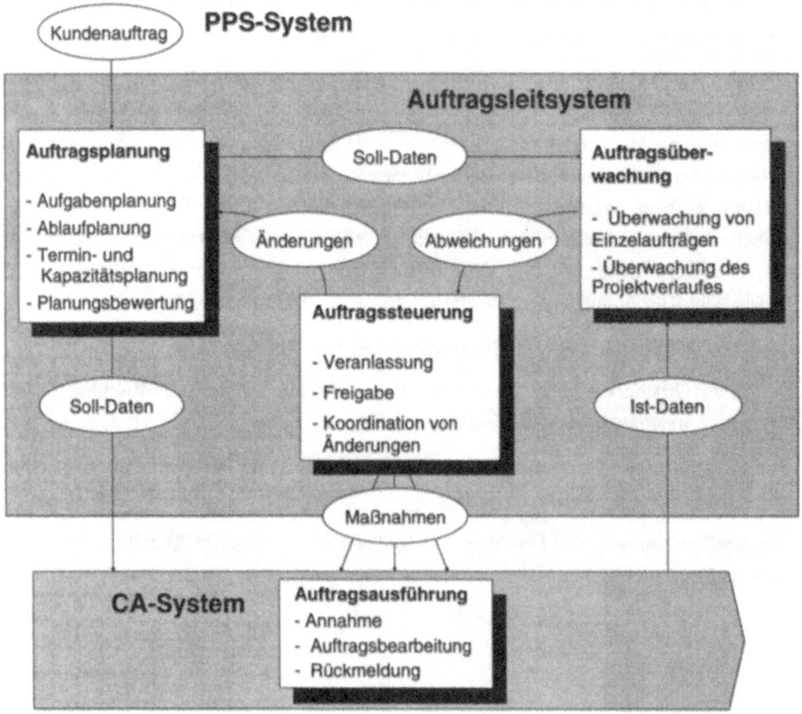

Bild 4.1: Funktionsbereiche eines integrierten Auftragsabwicklungssystems

Ziel der **Auftragsplanung** ist die Umsetzung der mit dem Kundenauftrag verbundenen Zielgrößen bezüglich Termin, Kosten und Qualität in konkrete Randbedingungen für Einzelaufgaben. In Form innerbetrieblicher Aufträge, z.B. Konstruktionsaufträgen, werden diese Vorgaben den Abteilungen und Mitarbeitern vermittelt und durch die **Auftragssteuerung** angestoßen. Die formale Darstellung der von der Auftragsplanung gefundenen Rahmenvorgaben erlaubt anhand der Rückmeldungen eine **Auftragsüberwachung**. Sollten sich Abweichungen ergeben, so kann die Auftragsleitstelle entweder auf die Auftragsausführung einwirken, um die angestrebten Ziele dennoch einzuhalten, oder die Auftragsplanung der aktuellen Auftragssituation anpassen.

Darüberhinaus wurden eine Reihe von Funktionen zur Unterstützung der **Auftragsausführung** entwickelt und für ausgewählte CA-Systeme implementiert. Aufgrund ihrer Unverzichtbarkeit für die informationstechnisch durchgängige Auftragsabwicklung sind sie ebenfalls Gegenstand dieser Arbeit und werden in Kapitel 5 näher beschrieben.

Objektbezug der Planungs- und Steuerungsfunktionen

Die eben genannten Planungs- und Steuerungsfunktionen verfügen über einen Objektbezug, der zwei wesentliche Aspekte beinhaltet (Bild 4.2):

- Über den gesamten Zeitraum der Produktdatenerstellung hinweg repräsentiert das Objektmodell des ALS alle erstellten und voraussichtlich noch zu erstellenden Teiledaten. Ein Eintrag in die Objektdatei erfolgt durch die Aufgabenplanung oder wann immer die Notwendigkeit eines Teils oder einer Teileinformation, z.B. eines zusätzlichen NC-Programms, erkannt wird. Dies stellt letztendlich die prozeßbegleitende Koordinationsfähigkeit von Aufgaben sicher, da auch für jede noch nicht existente Teileinformation ein Platzhalter vorhanden ist, auf den sich die Aufträge beziehen können. Aufgrund der dargestellten Objektabhängigkeiten kann unabhängig von der jeweiligen Auftragsstruktur, d.h. auch über entsprechende Teil-Auftragsnetze hinweg und unabhängig von der Auftragsanordnung, eine Kommunikation zwischen Aufgabenträgern erfolgen. Das ALS unterstützt hier nicht planbare, sondern allein durch die Objekte motivierte Auftragsbeziehungen.
- Durch die schrittweise Bearbeitung einzelner Konstruktions- und Planungsaufträge entstehen in den jeweiligen CA-Systemen Teiledaten ('reale Objekte'), welche mit den Objekten des ALS korrespondieren. Dies sind Teiledaten, welche normalerweise ohne sichtbar dargestellten Zusammenhang untereinander vorliegen würden. Durch den Objektbezug der 'realen Objekte' mit den Objekten des ALS aufgrund von jeweils systemspezifischen Zugriffsverweisen (vgl. Kap. 5) wird dieser Zusammenhang hergestellt. Damit kann zumindest auf Objektebene eine Konsistenz der Tei-

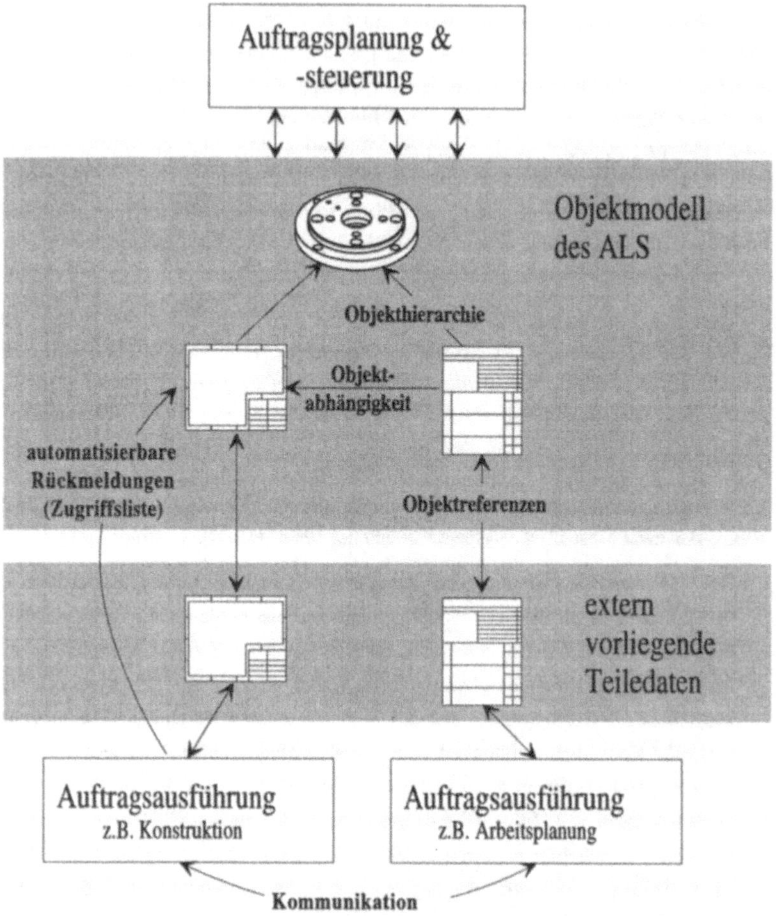

Bild 4.2: Aspekte des Objektbezugs verschiedener Funktionsbereiche des Auftragsleitsystems

ledaten gesichert werden und es wird transparent, welche Teiledaten in welchem Bearbeitungszustand vorliegen und welche Teiledaten noch fehlen. Zum anderen werden durch den 1:1-Bezug die Rückmeldungen an das Planungs- und Steuerungssystem ALS automatisierbar, d.h. daß eine sehr hohe Aktualität sichergestellt werden kann, die für die Wirksamkeit der Koordination des ALS von entscheidender Bedeutung ist.

Auch in den übrigen Bildern dieses Kapitels stehen die diversen Symbole (z.B. Zeichnung, Arbeitsplan oder NC-Programm) stellvertretend für Objekte des Datenmodells des Auftragsleitsystems.

4.2 Auftragsplanung

Die Eingangsdaten in den Funktionsbereich der Auftragsplanung sind die Daten eines der Produktionsplanung- und -steuerung vorliegenden Kundenauftrags und seiner Auftragsposition. Im Realisierungsbeispiel können diese Daten mittels einer Schnittstelle aus dem PPS-System gelesen werden. Neben den grundlegenden Kundenauftragsdaten

- Auftragsnummer und Auftragspositionen,
- Auftragsart (Auftrag oder Angebot),
- kundenbezogene Angaben,
- gewünschter Liefertermin

sind dies vor allem auch der

- Begleittext zur jeweiligen Auftragsposition und die
- Teilenummern von Referenzprodukten.

Der Begleittext zur Auftragsposition, der vom Vertrieb erfaßt wird und dem Kunden im Rahmen der Auftragsbestätigung zugeht, wird, wie oft auch in der Praxis üblich, zur Spezifikation der mit dem Kunden vereinbarten technischen Merkmale des bestellten Produkts verwendet. Er stellt die Ausgangsbasis für die nachfolgende Aufgabenplanung und die Erstellung einer fortlaufend zu ergänzenden Anforderungsliste dar.

Angebotserstellung

Gerade bei kundenspezifischer Konstruktion und Herstellung geht oftmals der Auftragserteilung ein Angebot voraus /Bull_73B, Wien_83/. Die genannten Planungsfunktionen können im Bedarfsfall auch zur Angebotserstellung genutzt werden. Die Auftragsstrukturen des ALS beziehen sich dann anstelle eines Auftrags lediglich auf ein im PPS-System vorliegendes Angebot. Bis zu welchem Detaillierungsgrad die Aufgabendarstellung des Fertigungsvorfeldes dann stattzufinden hat, ist im Einzelfall zu klären. Auf die Aufgabenplanung und ihre Unterschiede im Planungsvorgehen soll im weiteren nicht mehr eingegangen werden.

4.2.1 Aufgabenplanung

Gegenstand der Aufgabenplanung ist die Festlegung und Konkretisierung der notwendigen Teilaufgaben, die zur Erfüllung des Kundenauftrags erforderlich sind. Dies geschieht durch Generierung von Objekten, welche stellvertretend für die zu erstellenden Teile und Teiledaten stehen und nachfolgend einzelnen Aufträgen zur Definition ihres Aufgabeninhalts zugewiesen werden können.

Wie gut diese Funktion erfüllt werden kann, hängt wesentlich mit dem Konkretisierungsgrad der Aufgabenstellung zusammen. Daher ist hier im besonderen nach den Konstruktionsarten zu unterscheiden, die den Konstruktionsprozeß in unterschiedlicher Tiefe durchlaufen /VDI_2221, Pahl_86, Ehrl_85/. Bild 4.3 veranschaulicht dabei, welche Ergebnisse bei methodischer Vorgehensweise über die einzelnen Konstruktionsphasen hinweg zu erwarten sind:

- **Neukonstruktion:** Ein neues Lösungskonzept ist zu erarbeiten, wobei alle Phasen des Konstruktionsprozesses (Konzipieren, Entwerfen, Ausarbeiten) durchlaufen werden.
- **Anpassungskonstruktion:** Bei bekanntem Lösungsprinzip ist die Gestalt eines Produkts oder Bauteils neu festzulegen. Darunter fallen z.B. auch Konstruktionen mit Baukastensystemen oder sehr kundenspezifischen Randbedingungen, die eine qualitative Veränderung des Produkts erfordern.
- **Variantenkonstruktion:** Bei bekanntem Lösungsprinzip und qualitativ gleicher Gestalt sind hier überwiegend quantitative Gestaltmerkmale, z.B. Abmessungen oder Anschlußmaße, zu verändern.

Hinsichtlich der Rechnerunterstützung des Konstruktionsprozesses durch das Auftragsleitsystem ist in erster Linie von Bedeutung, daß die Zuordnung von Funktionen zu Funktionsträgern, d.h. die Baustruktur, weitgehend gesichert ist. Auf dieser Basis können stellvertretend für verschiedene Baueinheiten Objekte definiert und hinsichtlich ihrer Teilfunktion gestaltet werden, ohne daß noch in großem Umfang Funktionalitäten zwischen den Funktionsträgern zu übertragen wären. Entsprechend der vorgestellten Konzeption des ALS, Objekte als Repräsentant für Bauteile und deren Arbeitsunterlagen zu definieren, liegt in der Entwurfsphase der frühestmögliche Zeitpunkt, zu dem der Konstruktionsprozeß unterstützt werden kann. Eine gute Unterstützungsmöglichkeit ist für Variantenkonstruktionen zu erwarten, da aufgrund der überwiegend quantitativen Veränderungen von Bauteilen die Objektstrukturen weitgehend als konstant anzunehmen sind.

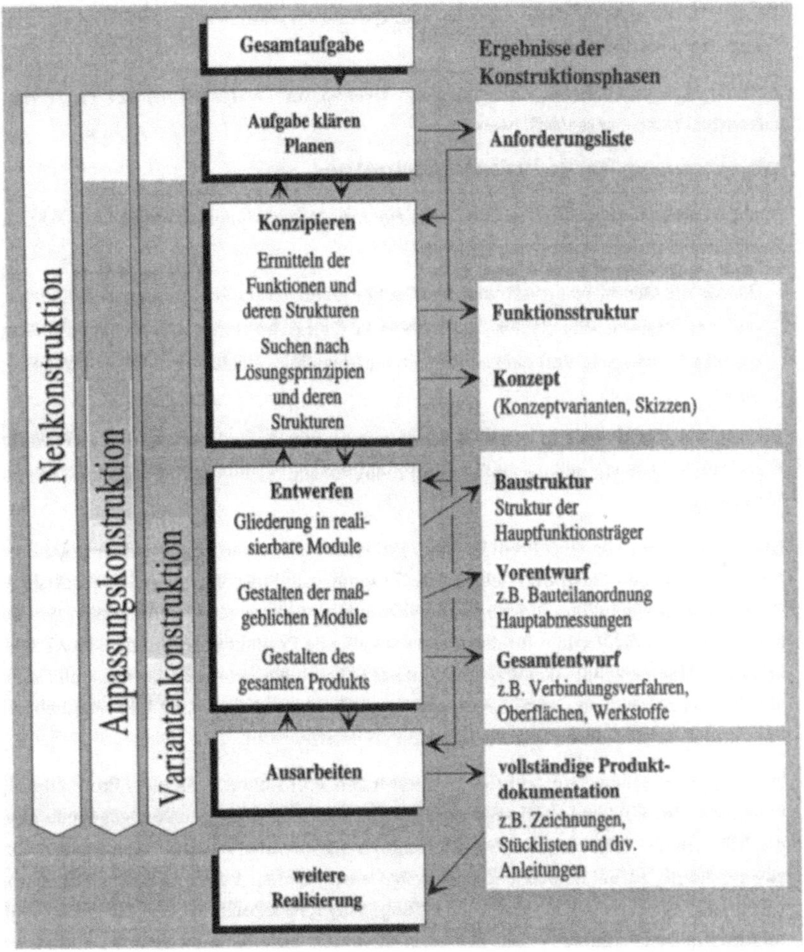

Bild 4.3: Zuordnung von Konstruktionsphasen zu Ergebnissen der Konstruktionsprozesse /nach VDI 2221/

Anzumerken ist, daß in einer späten Phase des Konstruktionsprozesses die Unterstützung durch das ALS aufgrund der größeren Datensicherheit leichter umzusetzen ist. Ein großes Potential zur Gestaltung einer unter verschiedenen Aspekten optimalen Produktlösung besteht aber auch in den frühen Phasen des Konstruktionsprozesses, so daß dort ergänzend zur späteren Aufgabenkoordination des ALS andere Instrumente z.B. zur Bewertung von Zeit-, Kosten- und Qualitätsaspekten einer Produktlösung zum Einsatz kommen sollten /Ehrl_85/.

Im nachfolgenden soll aus den genannten Gründen die Aufgabenplanung für Variantenkonstruktionen vorgestellt werden.

Aufgabenplanung für die Variantenkonstruktion

Die Aufgabenplanung wird für den vorliegenden Anwendungsfall durch das ALS in zweifacher Hinsicht unterstützt (Bild 4.4):

- Durch die Generierung **auftragsspezifischer** Objektstrukturen (Teile und Teiledaten) auf der Basis der im System **vorhandenen** Objektstrukturen. Dies können ebenso standardisierte wie im Laufe früherer Auftragsfälle entstandene Objektstrukturen sein.
- Durch die strukturierte, textuelle Beschreibung von Anforderungen an das Produkt, an Bauteile sowie gegebenenfalls an Produktionsmittel mithilfe des **Spezifikationswesens.**

Durch das Aufsetzen auf Produkt- und Produktstrukturdaten, z.B. von angegebenen Referenzprodukten, ist die systematische Zusammenstellung einer kundenspezifischen Produktvariante möglich. Die zum Referenzprodukt vorliegenden Strukturdaten werden dabei top-down als Vorlage für das neu zu erstellende Produkt übernommen. Der Planer kann mit Unterstützung der graphisch-interaktiven Bedieneroberfläche nach und nach alle Teile kennzeichnen, welche er entweder aus dem Referenzprodukt übernehmen bzw. streichen und durch neue Komponenten ersetzen will.

Die Aufgabenplanung wurde in der vorliegenden Form ohne konkreten Produktbezug konzipiert. Im konkreten Anwendungsfall sollte für ein Unternehmen gegebenenfalls die Möglichkeit bestehen, die Generierung der Objektstruktur durch eine **produktbezogene Logik** zu unterstützen. Die Vorzüge einer solchen Logik bestehen z.B. darin, den Planer auf Unvollständigkeiten oder ungünstige Teilekombinationen in seiner Auftragskonfiguration hinzuweisen. Sie setzt allerdings auch eine bestimmte, formal erfaßbare Produktsystematik voraus /Groß_92, Klei_89/.

Übernommene und neu angelegte Produktkomponenten werden in die Stückliste der neuen Produktvariante aufgenommen. Zudem erfolgt für die neuen Komponenten ein Eintrag als Objekt in der Objektdatei des ALS. Dieser Vorgang wiederholt sich auch unterhalb der Teileebene auf Teiledaten- und Dokumentenebene, da diese Objekte zur zielorientierten Bestimmung der späteren Aufgabeninhalte dienen. In erster Näherung wird damit also davon ausgegangen, daß für das neue Teil prinzipiell die gleiche Anzahl und Art von Teiledaten zu erstellen sind wie für das jeweilige Referenzteil.

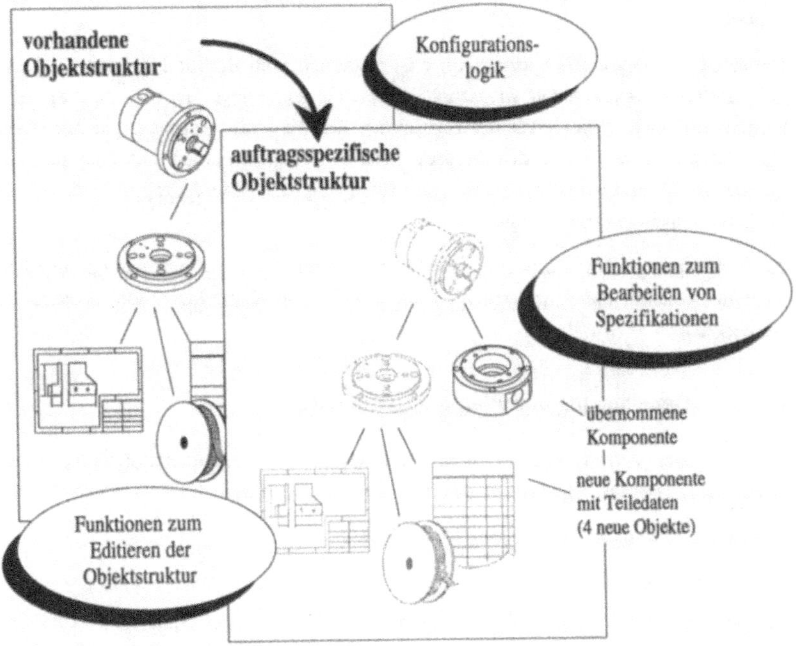

Bild 4.4: Aufgabenplanung mittels Produktstrukturdaten und Spezifikationswesen

Der Bezug zum Referenzteil bleibt erhalten, so daß auch zu einem späteren Zeitpunkt einzelne Teiledaten als Vorlage übernommen werden können. Die neu angelegten Objektstrukturen bleiben im Verlauf der Konstruktion und Arbeitsplanung editierbar, so daß im Bedarfsfall weitere Objekte neu generiert, von anderen Strukturen übernommen bzw. nicht benötigte Objekte aus der Struktur entfernt werden können. In gleicher Weise sollte die Arbeitsplanung auf eine Liste der notwendigen Produktionsmittel zurückgreifen können, um gegebenenfalls die anzupassenden Produktionsmittel zu konfigurieren und einzuplanen.

Für jedes neu erzeugte Objekt können analog zur Produktspezifikation auch teilespezifische Anforderungstexte formuliert werden. Auf diese Weise ist es z.B. möglich, frühzeitig Schnittstellenbedingungen zwischen Bauteilen eines Produkts zu fixieren. Die Spezifikationen werden in strukturierter Form abgelegt, d.h. jede Spezifikation wird durch eine Spezifikationsnummer identifiziert und mit der Objektidentnummer verknüpft. Weitere Spezifikationsangaben (Datum, Ersteller usw.) sorgen dafür, daß je nach Art der Auswertung eine auftrags- bzw. objektbezogene Liste von Anforderungen entsteht.

Der Grad der möglichen Spezifizierung ist sicherlich vom Bekanntheitsgrad der Aufgabenstellung abhängig. Für wiederholt auftretende Änderungen ist u.U. eine Spezifizierung mit einer schematisierten Darstellung der Leistungsmerkmale günstig. Dies kann beispielsweise durch den Vertrieb noch in Zusammenarbeit mit dem Kunden geschehen. Im übrigen ist die schrittweise Ergänzung der Anforderungstexte durch die Fachabteilungen jederzeit möglich.

Nach der inhaltlichen Festlegung von Konstruktions- und Arbeitsplanungsaufgaben steht im weiteren die Auftragsplanung unter Zeit- und Kapazitätsgesichtspunkten im Vordergrund.

4.2.2 Generierung von Planungsgrunddaten

Für die weitere Auftragsplanung ist eine Abschätzung der wesentlichen Planungsgrunddaten durchzuführen. Hier ist zu unterscheiden zwischen der

- Bearbeitungsdauer (Durchlaufzeit) und der
- Bearbeitungszeit.

Die **Durchlaufzeit** eines Auftrags an einem Arbeitsplatz oder durch eine Abteilung soll hier betrachtet werden vom Zeitpunkt der Veranlassung bis zur Freigabe dieses Auftrags. Sie stellt die wesentliche Grundlage der Terminplanung dar. Die **Bearbeitungszeit** hingegen stellt den zeitlichen Aufwand (gemessen z.B. in Arbeitsstunden) zur Aufgabenerfüllung dar. Diese Größe ist somit als Soll-Bearbeitungszeit zur Aufwandsabschätzung und Belastungsrechnung, als Ist-Wert zur auftragsbezogenen Kalkulation von Konstruktions- und Planungstätigkeiten heranzuziehen.

Ein gesicherter Zusammenhang zwischen der Auftragsdurchlaufzeit und dem Zeitaufwand besteht nur, wenn die Kapazität zur Bearbeitung dieses Auftrags bekannt ist und keine konkurrierenden Aufträge berücksichtigt werden müssen /Wien_87/. Davon kann im allgemeinen nicht ausgegangen werden, da sich auch bei normaler Auslastung Liegezeiten für die Informationen an den einzelnen Arbeitsplätzen ergeben. Insbesondere bei der Einplanung von Arbeitspaketen auf Grobplanungsebene, welche nachfolgend von mehreren Personen zu bearbeiten sind, sind Liegezeiten je nach Aufgaben- und Kapazitätsstruktur anteilsmäßig in der Durchlaufzeit enthalten /vgl. Lucz_89/. Da von Seiten der Auftragsleitestelle auch keine personenbezogene, sondern lediglich eine Rahmenplanung für die Bereiche angestrebt wird, sind also beide Größen, Zeitaufwand und Auftragsdurchlaufzeit eines Arbeitspakets, in Relation zueinander abzuschätzen. Das Auftragsleitsystem kann die Ermittlung von Zeitvorgaben durch die differenzierte Erfassung von **Ist-Bearbeitungszeiten** und **Ist-Durchlaufzeiten** unterstützen und damit zumindest den Aufbau von Erfahrungswerten ermöglichen (Bild 4.5).

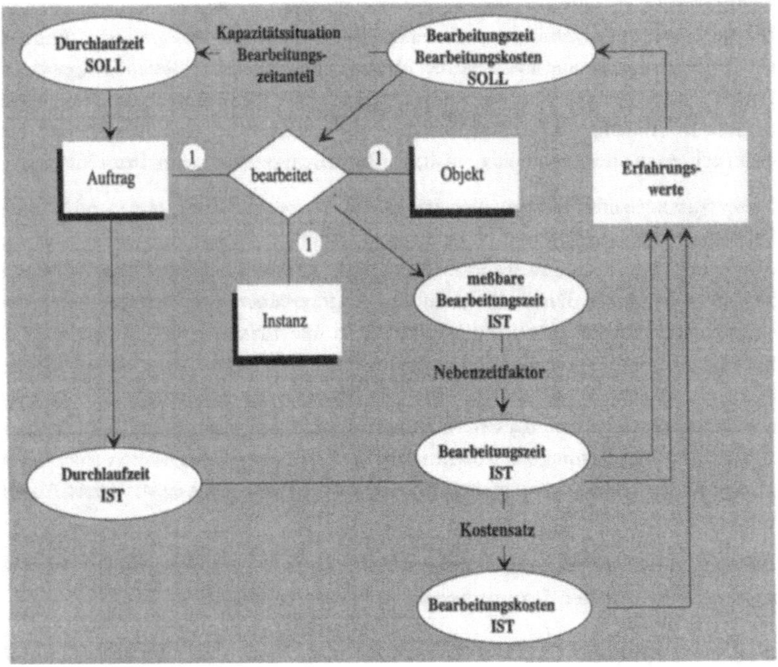

Bild 4.5: ***Datenkreislauf zur Ermittlung objektbezogener Vorgabewerte für Bearbeitungszeiten, -kosten und Durchlaufzeiten***

Die erfaßbare Bearbeitungszeit wird dabei in der Zugriffsliste jeweils mit Auftrags- und Objektbezug hinterlegt. Sie ist zu messen als Summe der Zeitspannen vom Zugriffsbeginn bis Zugriffsende auf ein Objekt. Die nicht erfaßbaren Bearbeitungszeiten sollten durch einen entsprechenden, tätigkeitsabhängigen Zeitfaktor zu berücksichtigen sein, wie er beispielsweise durch einen Vergleich der nominalen Arbeitszeit zur gemessenen Bearbeitungszeit einer Periode ermittelt werden kann. Die Kosten eines überwiegend tätigkeitsorientierten Auftrags können, wie in diesen Bereichen üblich, durch Multiplikation der Bearbeitungszeit mit einem stellenbezogenen Stundensatz ermittelt werden, in dem die Kosten für Hilfsmittel, Nicht-Arbeitszeiten usw. berücksichtigt sind /Hich_80A/.

Die Soll-Vorgaben für die Bearbeitungszeiten sollten durch Auswertung (z.B. Regressionsanalyse) der gesammelten und mit Auftrags- bzw. Objektmerkmalen verknüpften Erfahrungswerte ermittelt werden (z.B. 'Variantenkonstruktion von Durchmesser und Zähnezahl einer Getriebewelle'). Diese Merkmale stehen teilweise bereits aufgrund der Auftrags- bzw. Produktkonfiguration zur Verfügung.

Die Auftragsdurchlaufzeit wird gemessen als Zeitspanne zwischen dem realen Zeitpunkt der Auftragsveranlassung und dem der Auftragsfreigabe, da zu diesem Zeitpunkt die Daten für nachfolgende Aufträge zur Verfügung stehen. Die Soll-Auftragsdurchlaufzeit ist nach der Bildung von Arbeitspaketen in Abhängigkeit der Kapazitätssituation und empirisch ermittelter Liegezeiten aus dem Bearbeitungszeitaufwand abzuschätzen.

Dieser Ansatz beinhaltet bezüglich der zu verarbeitenden Zeiten einen recht hohen Differenzierungsgrad. Dieser ist jedoch gerechtfertigt, um längerfristig eine Bewertung unterschiedlicher Lösungswege unter Zeit- und Kostengesichtspunkten durchführen zu können. Dies ist z.B. durch pauschale, produktgruppenbezogene Erfahrungswerte nur eingeschränkt möglich /Bock_90/. Zudem sollte die Erfassung und Auswertung der Bearbeitungs- und Durchlaufzeiten rechnerunterstützt erfolgen. Für eine weniger differenzierte Sichtweise können die Zeit- und Kostenwerte also anhand der Auftrags- und Objektstrukturen automatisch verdichtet werden (vgl. Kap. 3.2.5.1). Da zu einer vollständigen Betrachtung der Kostensituation die Datenerstellungskosten nicht allein gesehen werden dürfen, sind zusätzlich Module zur Früherkennung der Herstellkosten vorzusehen /Ehrl_85, Bock_90/.

Hinweise auf die Aussagekraft automatisch ermittelter Zeitwerte liegen nicht vor und müssen daher künftigen Untersuchungen überlassen bleiben.

4.2.3 Ablaufplanung

Die Ablaufplanung hat nun die Aufgabe, die verschiedenen konstruktiven und planerischen Aufgaben zu sinnvollen Arbeitspaketen zusammenzufassen und zeitlich relativ zu anderen Aufgaben einzuordnen. Die zeitlich-logischen Zusammenhänge von Aufträgen werden in einem Auftragsnetz dargestellt, dessen Elementen die Objekte flexibel und mit grafischer Unterstützung zugeordnet werden.

Ziel ist dabei die Bildung sinnvoller Arbeitspakete, deren Planungsfeinheit nicht zu hoch gewählt werden darf, um den Bearbeitern ein unverzichtbares Maß an Selbstorganisationsfähigkeit zu belassen. Eine zu geringe Planungsfeinheit kann hingegen zum Nachteil für die Transparenz und Koordinationsfähigkeit der Auftragsleitstelle sein. Zwei Verfahren sollen hier beschrieben werden, um zu einer terminierungsfähigen Ablaufdarstellung zu gelangen:

- Die teilautomatisierte Bildung von Arbeitspaketen auf der Basis der auftragsspezifisch konfigurierten Objektstruktur.
- Die Zuordnung von Objekten zu vordefinierten Standardabläufen aufgrund von Objekt- und Auftragsmerkmalen.

Daneben kann mithilfe eines Netzplaneditors zu jedem Zeitpunkt auch eine interaktive Aufgabenzuordnung durch den Planer erfolgen.

Bildung von Arbeitspaketen auf der Basis von Objektstrukturen

Das allgemeinere Verfahren stellt die Ableitung von Arbeitspaketen aus Objektstrukturen und Objektabhängigkeiten dar. Dabei werden die zu erstellenden Objekte entsprechend ihrer Abhängigkeit und ihres Zeitaufwandes aneinandergereiht dargestellt (Bild 4.6). Dem Planer stehen nun verschiedene Möglichkeiten zur Verfügung, um

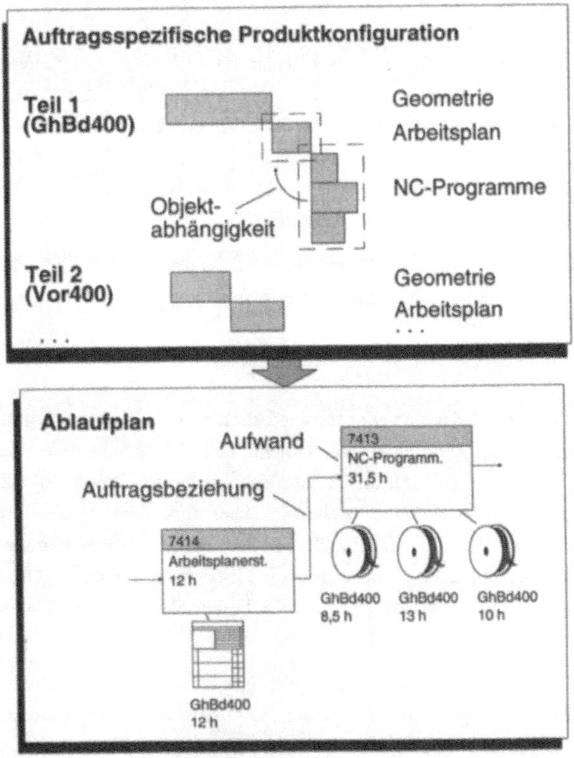

Bild 4.6: Bildung von Arbeitspaketen mithilfe der Objektstrukturen und Objektabhängigkeiten

durch grafisch-interaktive Identifikation diejenigen Objekte zu bestimmen, die zu einem Arbeitspaket zusammenzufassen sind:

- Die Angabe einer Objektklasse führt zu einer verrichtungsorientierten Zusammenfassung aller konfigurierten Objekte zu einem Arbeitspaket (z.B. alle NC-Programme).
- Merkmale, welche sich zudem auf das Herstellverfahren beziehen, könnten Arbeitspakete mit Objekten gleicher Technologie bilden (z.B. 'alle NC-Programme zur Blechbearbeitung').
- Die Angabe von Teilenummern löst ein teilebezogenes Zusammenfassen von Objekten aus. Dieses Auswahlkriterium dürfte weniger für sich alleine, als vielmehr in Kombination zu den beiden vorherigen Selektionskriterien sinnvoll anzuwenden sein.

Für jedes Arbeitspaket wird in der Auftragsdatei des ALS ein Auftragselement angelegt, dem die ausgewählten Objekte zugeordnet werden (vgl. Bild 4.6 unten). Objekte aus unterschiedlichen Klassen, die durch die Ablaufplanung nicht voneinander getrennt werden dürfen (z.B. Zusammenstellungszeichnung und Stückliste) sind durch eine Blockdefinition aneinander zu binden (vgl. Kap.3.2.4.2). Sie werden dadurch automatisch dem gleichen Auftragselement zugeordnet.

Die Anordnungsbeziehungen des Netzplans werden aufgrund der Objektabhängigkeiten generiert, wobei Arbeitspakete mit abhängigen Objekten nacheinander, die übrigen parallel anzuordnen sind.

Ablaufplanung mithilfe von Standardabläufen

Ein weiteres Verfahren, das sich eher für wiederholt gleiche Produktanpassungen eignet, ist die automatisierte Zuordnung von Objekten zu den Elementen eines Standardablaufplanes (Bild 4.7). Die Standardablaufpläne werden im Bedarfsfall aus einer Datei zusammen mit ihren Anordnungsbeziehungen, aber ohne Objektzuordnung in den Arbeitsbereich kopiert, grafisch dargestellt und mit neuen Auftragsnummern versehen. Jedes Auftragselement dieses Planes ist mit einem oder mehreren Objektschlüsseln versehen, die analog zu den in Kap. 3.2.4.2 beschriebenen Objektklassen aufgebaut sind.

Bei der Aufgabenverteilung wird ein Objekt demjenigen Auftragselement zugeordnet, dessen Schlüssel es trägt. Wird kein passendes Auftragselement gefunden, so wird das Objekt nicht zugeordnet und in der graphischen Benutzeroberfläche seitlich angeordnet. Dies zeigt dem Planer, daß in diesem Standardablauf eine entsprechende Tätigkeit zur Bearbeitung diese Objekttyps nicht vorgesehen war. Er kann entweder einen anderen

Ablauf wählen, den bestehenden Ablauf interaktiv um weitere Auftragselemente erweitern oder das Objekt interaktiv einem vorhandenen Auftragselement zuordnen. Dieses Vorgehen ermöglicht bei immer wieder ähnlichen Abläufen eine erhebliche Zeitersparnis bei der Ablaufplanung.

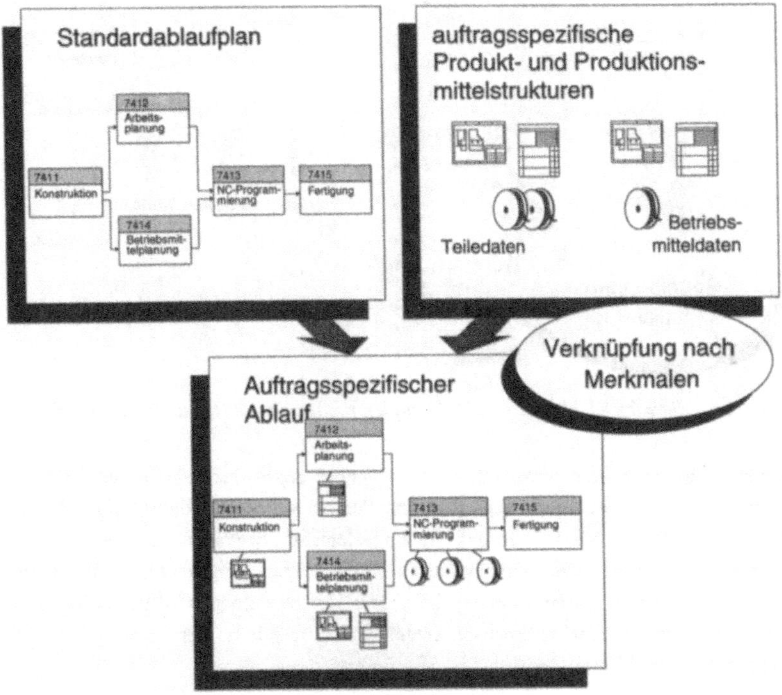

Bild 4.7: Ablaufplanung mit Hilfe von Standardabläufen

Verarbeitung von Aufwandsdaten

Durch Zuordnung von Objekten zu einem Auftrag wird dessen Arbeitsinhalt und damit auch dessen zeitlicher Arbeitsumfang festgelegt. Der Konstruktions- und Planungsaufwand eines Auftrags ergibt sich also aus der Summe der Aufwände, die für die ihm zugeordneten Objekte aufzuwenden sind. Die oft als aufwendig bezeichnete, netzplanorientierte Ablaufplanung kann also erheblich vereinfacht und gegen Dateninkonsistenz geschützt werden, wenn eine automatische Aktualisierung der Aufwandsdaten stattfindet (Bild 4.8).

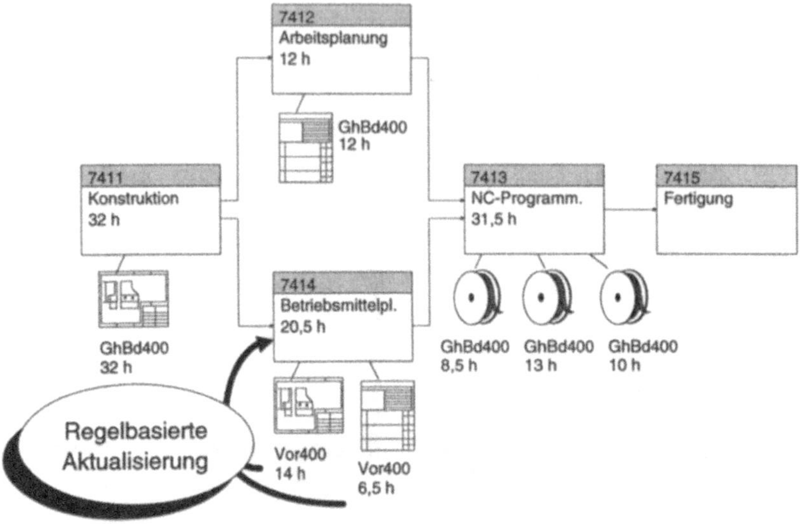

Bild 4.8: Automatisch aktualisierter Ablaufplan mit Arbeitspaketen und Aufwandsdaten

Werden beispielsweise einem Auftrag die Aufgaben zugeordnet, ein Betriebsmittel zu konstruieren und einen Einrichteplan zu erstellen, so werden die dafür veranschlagten Zeitvorgaben der Objekte auf das Auftragselement übertragen. Daraus kann die Durchlaufzeit dieses Auftrags abgeschätzt werden. Sollten die genannten Aufgaben im Verlauf der weiteren Planung weiter oder anders verteilt werden, wird der Zeitaufwand der betroffenen Aufträge automatisch aktualisiert. Folgende, in der Datenbankabfragesprache SQL fomulierte Regeln wurden definiert:

- Der Zeitaufwand eines Teils ergibt sich aus der Summe der Zeitaufwände aller zugehörigen Objekte (für Soll- und Ist-Aufwand).
- Der Zeitaufwand eines Auftrags ergibt sich aus der Summe der Zeitaufwände der ihm zugeordneten Objekte (Information der Zuordnungsliste).
- Durch Zuordnung eines bereits bearbeiteten Objekts zu einem anderen Auftrag (z.B. wegen Krankheit oder Engpaßsituation eines Mitarbeiters) wird dessen Vorgabezeit um die verbleibende Restbearbeitungszeit erhöht, die des ursprünglichen Auftrags entsprechend gekürzt.
- Der Zeitaufwand eines Projekts bzw. Teilprojekts ergibt sich aus der Summe der Aufwände aller untergeordneten Aufträge.

Kontrollfunktion der Ablaufplanung

Da ein Ablaufplan zur Aufgabenverteilung auch interaktiv bearbeitet werden kann, sollte eine Kontrollfunktion nach Abschluß der Ablaufplanung den Netzplan auf die Schlüssigkeit der Aufgaben-Objekt-Zuordnung hin prüfen.

- Keine Teiledaten können verwendet werden, bevor sie nicht erzeugt wurden. Jedes Objekt wird daraufhin überprüft, daß die übrigen Objekte des gleichen Teiles, auf die eine Abhängigkeit besteht ('ist abhängig von'), nur Vorgängerknoten des eigenen Knotens zugeordnet sind.
- Es darf kein Objekt ohne Zuordnung verbleiben, das noch zu bearbeiten ist.

4.2.4 Termin- und Kapazitätsplanung

Ausgehend von der logisch-zeitlichen Aufgabendarstellung der Ablaufplanung übernimmt die Termin- und Kapazitätsplanung die Funktion der zeitlich-absoluten Auftragsanordnung über der Zeitachse. Diese ist notwendig, um in Hinblick auf den Liefertermin Zeiträume der voraussichtlichen Auftragsbearbeitung und Ecktermine zu erhalten, mit denen der Auftragsdurchlauf überwacht werden kann.

Die Termin- und Kapazitätsplanung ist dabei aufgrund der hierarchischen Auftragsstruktur alternierend mit den Funktionen der Auftragsvergabe und Ablaufplanung durchzuführen. Die genannten Funktionen können also auf verschiedenen Planungsebenen wiederholt ausgeführt werden (Bild 4.9). Dazu kann z.B. der Planer auf Abteilungsebene zu einem Knoten seines Netzplans (Auftrag) eine Subdarstellung mit Teilaufträgen generieren und die konfigurierten Objekte auf die Teilaufträge verteilen. Dies entspricht einer Wiederholung der Ablaufplanung. Nach einer Auftragsvergabe an Gruppen werden bei der sich nun anschließenden Terminrechnung Anfangs- und Endzeitpunkt des übergeordneten Knotens als Eckwerte für die Terminrechnung des Teilnetzes benutzt. Sollte ein Teilauftrag durch interaktives Verschieben von Einzelaufträgen oder durch höhere Bewertung von Bearbeitungsdauer oder Durchlaufzeit von Seiten der Gruppe die Eckwerte überschreiten, so wird dadurch eine Meldung an die übergeordnete Koordinationseinheit erzeugt, damit der Konflikt zwischen den Eckterminen und den vor Ort bestimmten Terminen geklärt werden kann.

Die Gliederung von Aufgaben erfolgt zur Erhöhung der Transparenz und zur Verbesserung der Automatisierbarkeit von Vorgängen (z.B. der Rückmeldungen) bis in einzelne, am CA-System durchführbare Teilaufgaben. Auf eine mitarbeiterbezogene Termin- und Kapazitätsplanung kann und sollte jedoch verzichtet werden:

- Die hohe Planungsfeinheit erscheint angesichts der Planungsgenauigkeit fragwürdig.

- Den Mitarbeitern sollte nicht das Gefühl gegeben werden, verplant und überwacht zu werden.
- Die Komplexität der Termin- und Kapazitätsrechnung wird reduziert.

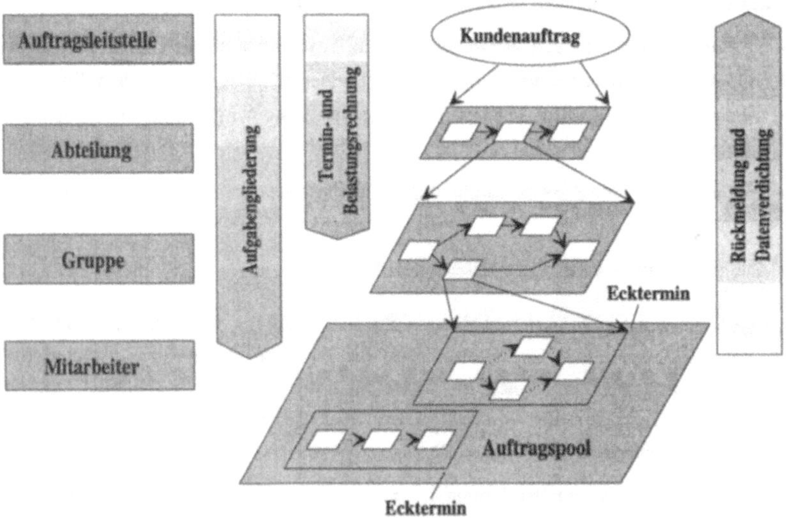

Bild 4.9: Feinheit der Termin- und Kapazitätsplanung im Vergleich zur Aufgabengliederung

Anstelle dessen könnten die Aufträge der untersten, mitarbeiterbezogenen Gliederungsstufe sich an den Terminvorgaben der darüberliegenden Planungsebene orientieren. Man bildet sozusagen einen Auftragspool, in dem der Auftragsvorrat der Gruppe lediglich in zeitlich-logischer Reihenfolge der Ablaufplanung angeordnet ist. Man betont so die Verantwortung der Gruppe, den jeweiligen Auftragsvorrat zu einem Teilprojekt fristgerecht innerhalb des Ecktermins zu bearbeiten. Alternativ zum völligen Verzicht auf eine Terminplanung kann hier gegebenenfalls auch eine Terminplanung mit gruppenbezogenen Durchschnittswerten des Kapazitätsangebotes durchgeführt werden, falls dies aus der Sicht der Gruppe für die Selbstorganisation notwendig sein sollte.

Das Terminierungsverfahren

Die Terminplanung stellt eine Durchlaufterminierung nach klassischem Muster dar /Wien_83, Hack_89, Dang_73/. Sie berechnet in einer kombinierten Vorwärts-Rückwärtsrechnung unter Annahme einer fixen Bearbeitungsdauer die Anfangs- und Endzeiten der in einem Netzplan enthaltenen Auftragselemente ohne Betrachtung von Kapazitäten oder von konkurrierenden Aufträgen. Die Vorgehensweise zeigt Bild 4.10.

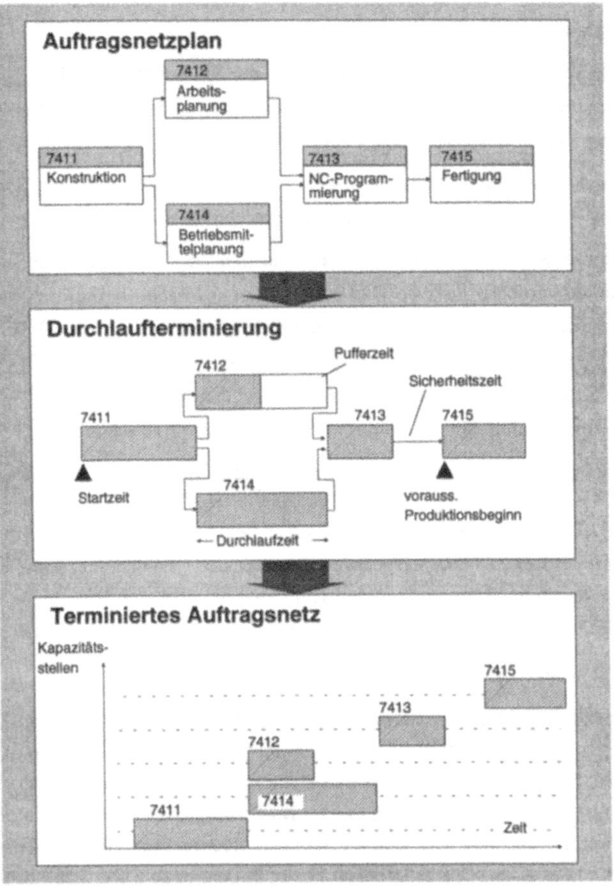

Bild 4.10: Vorgehensweise der Durchlaufterminierung

Die Vorwärtsterminierung durchläuft das Netzwerk beginnend mit dem Startknoten und berechnet unter Berücksichtigung der Netzplanbeziehungen für alle Aufträge die früheste Anfangs- und Endzeit. Ausgehend vom Endzeitpunkt des letzten Elements werden durch die Rückwärtsterminierung die spätesten Lagen aller Elemente ermittelt. Das

Verfahren zur Terminierung kann vom Anwender durch Vorgabe verschiedener Randbedingungen gesteuert werden:

- Durch Vorgabe einer Startzeit erfolgt zuerst die Vorwärts- und dann die Rückwärtsterminierung.
- Durch Vorgabe einer Endzeit wird zuerst die Rückwärts- und dann die Vorwärtsterminierung ausgeführt. Ein Hinweis wird ausgegeben, wenn dabei der späteste Anfangstermin des Startknotens bereits in der Vergangenheit liegt.
- Ohne Angabe eines Zeitpunktes wird die aktuelle Systemzeit als Startzeit angenommen und mit der Vorwärtsterminierung begonnen.
- Für einen oder mehrere Netzplanelemente können fixe Termine, sogenannte Meilensteine, vergeben werden. Diese Meilensteine zeigen an, daß der entsprechende Auftrag spätestens zu diesem Zeitpunkt abgeschlossen sein muß. Meilensteine werden bei der Rückwärtsterminierung wirksam, indem der Knoten nicht entsprechend der Netzplanbeziehung, sondern entsprechend dem Meilenstein fixiert wird. Bei der Vorwärtsrechnung wird geprüft, ob der Meilenstein nicht schon überschritten wurde.

In den Netzplanbeziehungen können Toleranzfelder zur Beschreibung möglicher Übergangszeiten zwischen zwei Aufträgen angegeben werden. Dabei ist je eine maximale und eine minimale Übergangszeit (prozentual im Verhältnis zur Auftragsdauer) einzustellen, die wiederum sowohl positive (Zwischenraum) als auch negative Werte (Überlappung) annehmen können. Bei der Terminierung wird versucht, unter Ausnutzung des erlaubten Toleranzbereichs die kürzeste mögliche Durchlaufzeit zu realisieren.

Kapazitätsbelastungsrechnung

Die Kapazitätsbelastungsrechnung ordnet zunächst die in der Durchlaufterminierung terminierten Aufträge nach Planungsabschnitten (Bild 4.11). Die Belastungsgröße (Zeitaufwand) wird danach anteilig auf den Belastungszeitraum (voraussichtliche Bearbeitungsdauer) aufgeteilt, so daß sich das im Bild gezeigte Grobprofil bildet. Im nächsten Schritt werden die innerhalb eines Planungsabschnitts (hier Tage) anfallenden Belastungsanteile je Kapazitätsstelle aufsummiert. Es ergibt sich für diese Kapazitätsstelle ein Gesamt-Belastungsprofil, das mit dem Verlauf der verfügbaren Kapazität dieser Stelle verglichen werden kann. Die einzelnen Belastungsanteile (pro Abschnitt) behalten ihren Auftragsbezug, so daß eine differenzierte Anzeige nach Überlast verursachenden Aufträgen möglich ist.

Verfahren zum automatischen Kapazitätsabgleich wurden nicht vorgesehen. Es besteht aber zum Abbau von Überlastsituationen die Möglichkeit, Aufträge durch Vergabe von Fixterminen (Meilensteinen) zeitlich zu verschieben oder durch Veränderung der voraussichtlichen Bearbeitungsdauer zu strecken und danach die Durchlaufterminierung zu wiederholen. Ist auf diesem Wege keine Verbesserung zu erreichen (etwa weil zu späteren Zeiten die Kapazität ebenfalls schon zu hoch belastet ist), so kann die Belastungsgrenze einer Kapazitätsstelle durch Veränderung des Arbeitszeitanteils ihrer Mitarbeiter vorübergehend verschoben werden.

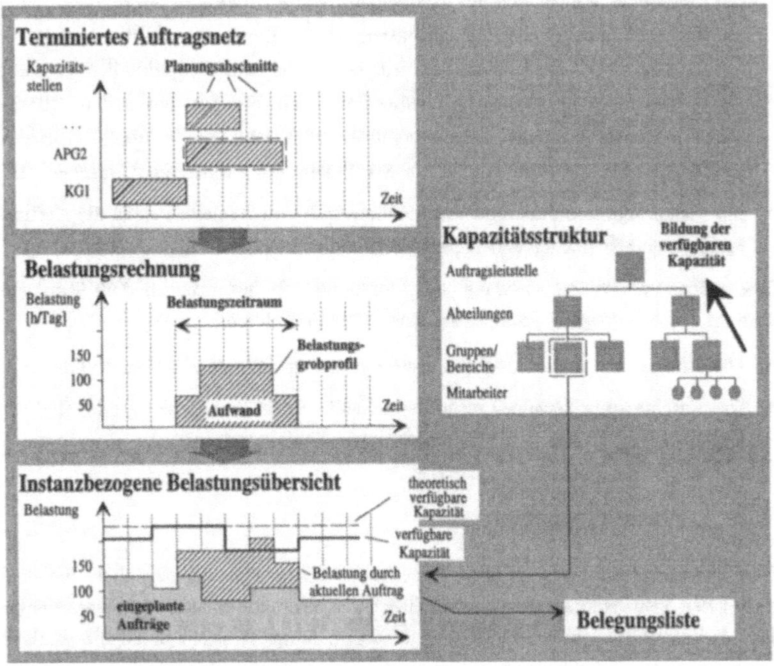

Bild 4.11: Schritte zur Generierung einer instanzbezogenen Belastungsübersicht

Auftragsvergabe/ Arbeitsverteilung

Bei Auftragsvergabe von Aufträgen an Abteilungen bzw. Gruppen besteht aufgrund des festgelegten Aufgabenbereichs innerhalb der Aufbauorganisation unter Umständen gar kein allzu großer Spielraum. Die Zuordnung könnte also beispielsweise durch die unternehmensspezifisch konfigurierbaren Standardablaufpläne vorgegeben werden. Beispiel: NC-Programme zur Bearbeitung von Blechteilen sind immer von einer identischen Programmiergruppe zu erstellen, Elektrokonstruktionen von einer bestimmten Konstruktionsgruppe. Aufträge mit entsprechenden Aufgaben würden somit standardmäßig dieser Gruppe zugewiesen werden.

Dies soll jedoch nicht einer zentralen Aufgabenverteilung durch die Auftragsleitstelle gleichkommen. Die Auftragsvergabe sollte aufgrund der notwendigen Fachkompetenz dezentral durch die Stelle erfolgen können, welche auch die Auswahl der Ablaufpläne vornimmt und somit die eingetragene Zuordnung von Stellen zu Aufgaben kontrollieren kann. Bei einer Arbeitsverteilung an Mitarbeiter sind folgende Alternativen denkbar:

- Die Mitarbeiter wählen sich die Aufträge aus dem Auftragspool ihrer Gruppe selbst aus und stellen damit die datentechnische Verknüpfung zum Auftrag her. Dieser Ansatz mag den Vorteil haben, daß Mitarbeiter ähnliche Problemstellungen selbst am ehesten erkennen können und dementsprechend ihre Auswahl treffen. Ob eine derartige Regelung möglich oder sinnvoll ist, wird vom Arbeitsumfeld (Arbeitsklima, Regelungen zur Vermeidung von Rivalitäten usw.) abhängig zu machen sein.
- Ein Planer oder koordinierender Mitarbeiter (z.B. Gruppenleiter) weist die Aufträge entsprechend fachlicher und kapazitiver Randbedingungen zu.

Eine rechnerunterstützte Auswahl und Zuordnung von Instanzen zu Aufträgen wird vom ALS zur Verfügung gestellt. Sie wird unterstützt durch:

- Die strukturierte Darstellung der Instanzen analog der Organisationsstruktur
- Die Beschreibung einzelner Instanzen anhand von fachbezogenen Merkmalen (Tätigkeitsbereich, Umgang mit bestimmten Herstellverfahren usw.).

4.2.5 Planungsbewertung

Eine rechnerunterstütze graphische Planungsbewertung dient der schnellen und übersichtlichen Visualisierung von voraussichtlichen Konstruktions- und Planungsverläufen. Das Auftragsleitsystem unterstützt den Planer in dieser Hinsicht durch die grafische Darstellung von Durchlaufsummenkurven für Bearbeitungszeiten und Kosten der Produktdatenerstellung (Bild 4.12). Bei der Erstellung der Durchlaufsummenkurven werden die Planwerte des jeweils zu bewertenden, terminierten Auftragsnetzes bzw. Teilnetzes über der Zeitachse aufaddiert. Dabei kann wahlweise eine Anzeige nach dem

- frühest möglichen,
- spätest möglichen und
- einem durchschnittlichen Auftragsverlauf erfolgen.

Entsprechend diesen Optionen werden die voraussichtlichen Zeitaufwände als linear verlaufend zwischen dem frühesten Anfangs-/Endtermin, spätesten Anfangs-/Endtermin oder frühestem Anfangs- und spätesten Endtermin angenommen. Der Kostenverlauf für die Produkterstellung wird als zeitproportional angenommen, d.h. die jeweilige Bearbeitungszeit wird mit individuellen Kostensätzen der Aufgabenträger multipliziert.

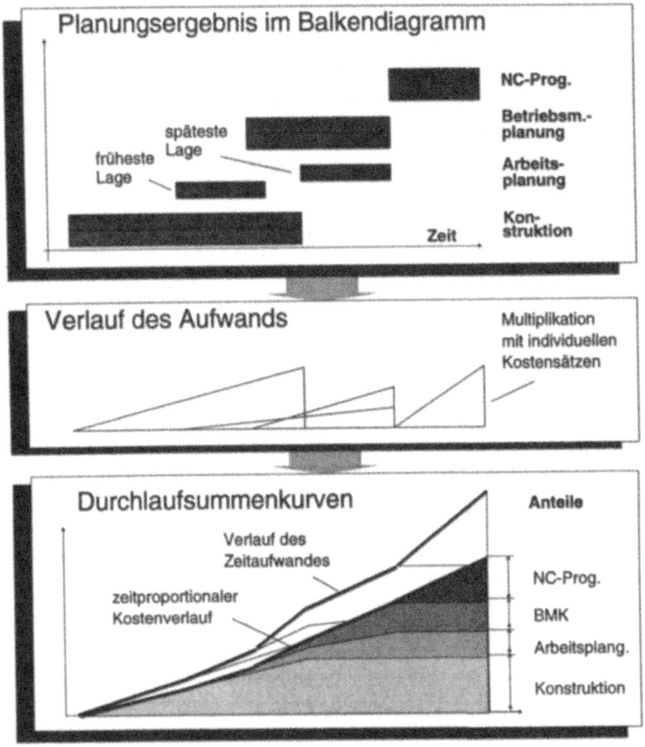

Bild 4.12: Planungsbewertung mithilfe von Summenkurven

4.2.6 Planung von alternativen Auftragskonfigurationen

Um dem Planer in jeder Phase der Auftragsbearbeitung ein Gefühl für mögliche alternative Vorgehensweisen zu geben, wurde sowohl für Auftrags- wie auch für Objektdaten ein Konfigurationsbereich eingerichtet. Dies sind Dateien, die von Aufbau und Struktur den originalen Auftrags- und Objektdateien entsprechen und um eine Konfigurationsnummer erweitert sind. Die Konfigurationsnummer unterscheidet zum einen die alternativen Konfigurationen, ermöglicht zum anderen die Beibehaltung von Auftrags- und Objektidentnummern (Bild 4.13). Dies ist von Bedeutung für die Rückübertragung der Daten aus dem Konfigurationsbereich in den Auftragsbereich.

Im Bedarfsfall können Auftragsnetze mit der auftragsspezifischen Objektkonfiguration in den Konfigurationsbereich kopiert, vervielfältigt und modifiziert werden. Zum Schutz gegen zwischenzeitliche Dateninkonsistenz werden die Originaldaten mit einem Entnahmestatus gekennzeichnet, so daß die momentan in Arbeit befindlichen Aufträge gekennzeichnet und benachrichtigt werden und außerdem keine neuen Aufträge gestartet werden können. Die Maßnahmen der Auftragskonfiguration können also nicht nur im Planungsstadium angewendet werden. Auch bei Spezifikationsänderungen von Seiten des Kunden oder sonstigen Umplanungen von größerem Umfang sollte entsprechend vorgegangen werden.

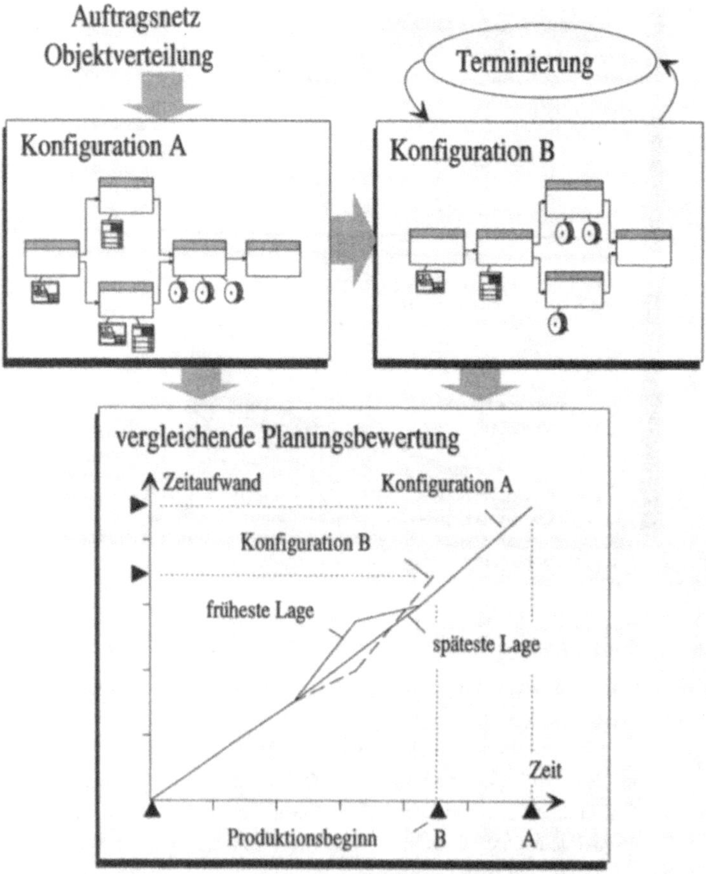

Bild 4.13: Konfigurierung und Bewertung alternativer Abläufe

Die Übertragung von Auftragsdaten, Objektdaten und des relevanten Teils der Zugriffsliste gestattet eine Konfigurierung unter folgenden Gesichtspunkten:

- Produktkonfiguration durch Veränderung der Art und Anzahl von Objekten
- Auftragskonfiguration durch Veränderung der Aufträge und Auftragsbeziehungen
- Alternative Aufgabenverteilung durch Veränderung der Zugriffsliste

Weiterhin kann die Belastungsgrenze einzelner Instanzen zur simulativen Betrachtung eines veränderten Kapazitätsangebotes verschoben werden. Dies wurde durch die Aufnahme eines zusätzlichen Datenfeldes in das Instanzenmodell realisiert.

Durch die Auswahl einer Konfiguration müssen deren Daten aus dem Konfigurationsbereich zurück in die Originaldateien übertragen werden. Das Hauptproblem, das sich hier stellt, ist der Abgleich der Konfiguration mit den Teilaufträgen, die bereits bearbeitet wurden oder sich gerade in Arbeit befinden. Dieses Problem kann dadurch gelöst werden, daß diese Aufträge aufgrund ihres Status im Konfigurationsbereich gegen Manipulationen geschützt werden und danach bei der Übertragung die komplette Auftrags/Objekt-Konfiguration übernommen wird. Auftrags- und Objekt-Ist-Daten, welche bis dahin angefallen sind, bleiben dadurch erhalten.

4.3 Auftragsüberwachung und -steuerung

Nach Abschluß der Auftragsplanung liegen terminierte Auftragsnetze mit den Teilaufgaben der Produktdatenerstellung in Form von zeitbehafteten Vorgangsknotennetzen vor. Jeder Knoten eines Netzwerks kennzeichnet einen Auftrag an eine Instanz, die Kanten (Auftragsbeziehungen) geben die Bearbeitungsreihenfolge vor. Die zugeordneten Objekte und teilebezogenen Spezifikationen beschreiben den Aufgabeninhalt jedes einzelnen Auftrags. Die Aufgaben der **Auftragssteuerung und -überwachung** bestehen nun in der

- Auftragsveranlassung,
- Auftragsüberwachung,
- Auftragsfreigabe,
- Abwicklung von Änderungen sowie
- einer Protokollerstellung.

4.3.1 Auftragsveranlassung und -freigabe

Konventionelle Planungs- und Steuerungssysteme z.B. der Fertigungssteuerung versuchen, im Rahmen der Termin- und Kapazitätsplanung unter Berücksichtigung der Größen Auslastung, Termin und Durchlaufzeit eine optimale Reihenfolge einzelner Arbeitsvorgänge zu ermitteln /Hack_89, Wien_84/. Entsprechend diesem Fertigungsprogramm werden in regelmäßigen Abständen Werkstattaufträge an die einzelnen Arbeitsstationen verteilt. Die Erledigung von Aufgaben wird damit durch Takt und Reihenfolge des Steuerungssystems auf ihren Zeitpunkt festgelegt. Ergeben sich Abweichungen von diesem Fertigungsprogramm, so werden dadurch Anpassungsmaßnahmen zum Wiederangleichen des Planungszustandes an die Realität notwendig (Umplanung).

Um die negativen Auswirkungen ständiger Umplanungen zu vermeiden, wurde eine **zustandsgesteuerte Auftragsveranlassung** realisiert. Die Veranlassungslogik kann sich dabei entweder an den

- Auftragszuständen oder an den
- Objektzuständen

orientieren. Ergänzend dazu kann die Veranlassung manuell durch eine Interaktion der übergeordneten Instanz erfolgen. Dies kann bei Terminverzug oder eiligen Aufträgen dazu verwendet werden, nachfolgende Aufträge auch ohne Bindung an Zustandsgrößen zu starten, um zum Beispiel durch stärker überlappendes Arbeiten die Zeitverzüge wieder auszugleichen. Dieses Vorgehen sollte allerdings in Absprache mit den betroffenen Stellen erfolgen.

Auftragsbezogene Veranlassung

Die auftragsbezogene Veranlassung orientiert sich an den Auftragszuständen. Eine Beendigung von Vorgängeraufträgen führt somit zur unmittelbaren Veranlassung der Nachfolgeaufträge (Bild 4.14). Als Veranlassung sei hierbei das Anzeigen des möglichen Bearbeitungsbeginns und die Überantwortung der Zuständigkeit für den Auftrag bezeichnet.

Es bleibt zunächst der bearbeitenden Instanz überlassen, den tatsächlichen Arbeitsbeginn festzulegen. Steht genügend Kapazität zur Verfügung, kann sofort mit der Bearbeitung begonnen werden, andernfalls ergibt sich eine Liegezeit, die in erster Linie durch den vorliegenden Bestand an Aufträgen bestimmt wird. Aufgrund der Unsicherheit der Aufgaben sollte der Aufgabenträger allerdings frühzeitig zu erkennen geben, ob der Auftrag in der vorliegenden Form und unter den gegebenen Randbedingungen bearbeitbar ist. Er kann dies durch eine Auftragsannahme bestätigen oder durch die

Ablehnung den Auftrag an die koordinierende Instanz zurückgeben. In Hinblick auf eine frühzeitige Informationsbeschaffung sind also die Auftragsdaten auch der eingeplanten, noch nicht veranlassten Aufträge bereits einsehbar. Eine Sonderstellung nimmt die Spezifikation ein, die im Planungszustand nicht nur gelesen, sondern auch ergänzt werden kann.

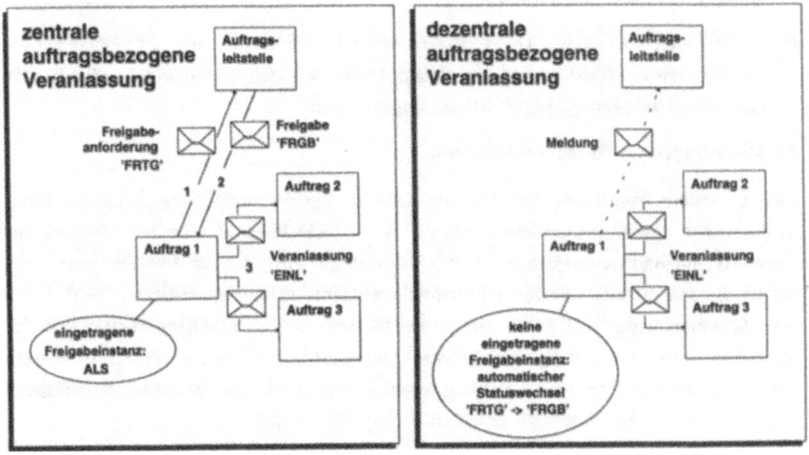

Bild 4.14: Auftragsbezogene, zustandsgesteuerte Auftragsveranlassung

Entsprechend den Schwankungen der Auftragsbearbeitung in vorausgehenden Bereichen kann sich die Auftragsreihenfolge vor Ort gegebenenfalls auch ändern. Es sollte in der Zuständigkeit der Fachabteilung liegen, daß durch die Reihenfolgeänderung nicht andere Aufträge verzögert werden. Um die Dringlichkeit von Aufträgen einschätzen zu können, sollten entsprechende Hilfen zur Verfügung stehen. Wesentliches Kriterium der Dringlichkeit ist sicherlich der mit dem Auftrag mitgegebene Ecktermin. Ein weiteres Hilfsmittel aus der Sicht der Auftragsleitstelle ist sicherlich die Anzeigefunktion voraussichtlicher Auftragsverlaufkurven, mit dem die möglichen Auswirkungen einer Reihenfolgeänderung erkannt werden können. Da aber auch sehr subjektive, schwer erfaßbare Gründe ausschlaggebend sein können (z.B. Wichtigkeit des Auftrags für das Unternehmen), sollte hier von der Auftragsleitstelle individuell eine Priorität zu vergeben sein. Es muß allerdings Möglichkeiten geben, den Automatismus der zustandsgesteuerten Auftragsveranlassung 'geplant' zu unterbrechen und Halte- bzw. Synchronisationspunkte in den Ablauf einzubauen. Dies ist beispielsweise notwendig, wenn ein Entwurf vor seiner weiteren Ausführung mit dem Kunden besprochen werden soll oder bewußt eine zentrale Koordination durch die Auftragsleitstelle vorgenommen werden soll. Es ist also hier zwischen der **zentralen** und einer **dezentralen** Auftragsveranlassung zu unterscheiden. Dies geschieht im ALS durch individuelle Festlegung von Freigabeinstanzen zu Aufträgen oder Teilprojekten. Es gilt also (vgl. Bild 4.14):

- Ist zu einem Auftrag eine Freigabeinstanz eingetragen, so löst die Fertigmeldung eine Freigabeanforderung an die Auftragsleitstelle aus (1). Erst mit der expliziten Freigabe (2) kann eine Datenbankregel die nachfolgenden Aufträge veranlassen (3).
- Für alle anderen Aufträge reicht bereits die Fertigmeldung aus, da der Statuswechsel zur Freigabe ('FRGB') ohne eingetragene Freigabeinstanz automatisch erfolgt. Alle Statuswechsel werden durch Mitteilungen ergänzt.

Objektbezogene Auftragsveranlassung

Eine schnellere Weitergabe von Informationen ist gegebenenfalls dadurch zu erreichen, indem nicht der Auftragsstatus, sondern der Objektstatus als Steuer- element der Veranlassungslogik herangezogen wird. Ein Auftrag wird hier zu dem Zeitpunkt veranlaßt, zu dem bereits alle notwendigen Eingangsinformationen vorliegen (Bild 4.15). Der Zusammenhang wird durch die Objektstruktur, die Objektabhängigkeit sowie der Zuordnungsliste von Aufträgen zu Objekten hergestellt. Auch hier ist eine Kombination von zentraler und dezentraler Auftragsveranlassung durch das Setzen einer Freigabeinstanz möglich. Im einzelnen gelten hier folgende Regeln:

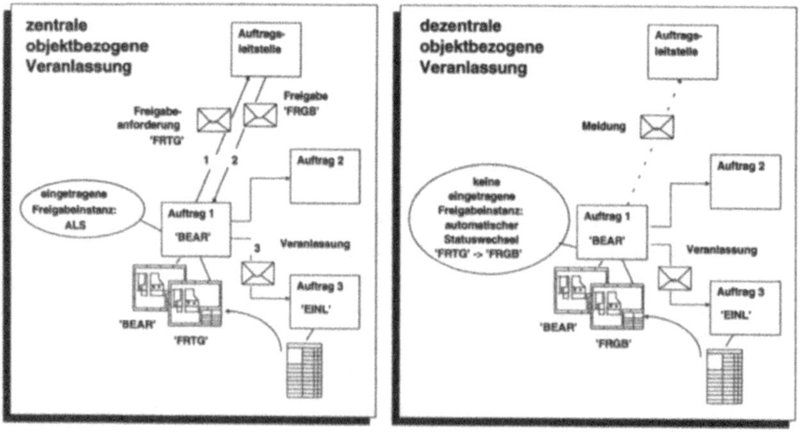

Bild 4.15: Objektbezogene zustandsgesteuerte Auftragsveranlassung

- Durch die Fertigmeldung eines Objekts wird überprüft, ob eine Freigabeinstanz eingetragen wurde. Ist dies der Fall, wird eine Freigabeanforderung an diese Stelle gerichtet (1).
- Ohne Freigabeinstanz erfolgt dieser Statuswechsel automatisch.
- Ausgelöst durch den Freigabestatus für dieses Objekt (2) werden alle abhängigen Objekte (!) daraufhin überprüft, ob alle weiteren Eingangsobjekte ebenfalls freigegeben sind. Ist dies zu diesem Zeitpunkt der Fall, so erfolgt die objektbezogene Veranlassung (3).

Der Auftragsstatus hat im Fall der objektbezogenen Auftragsveranlassung nur mehr informativen Charakter und wird durch den realen Arbeitsfortschritt an den Objekten kontrolliert. Dafür gelten u.a. folgende Vorschriften:

- Ein Auftrag ist veranlaßt, wenn das erste Objekt den Veranlassungsstatus erhält.
- Ein Auftrag ist freigegeben, wenn alle seine Objekte freigegeben sind.

Durch die objektbezogene Veranlassungslogik können also Arbeitsprozesse zu einem Zeitpunkt begonnen werden, zu dem dies von Seiten der Eingangsinformation her möglich ist. Dies hat den Vorteil, daß nachfolgende Aufträge unmittelbarer reagieren können und mögliche Verbesserungen oder Korrekturen sofort umzusetzen sind. Gegebenenfalls lassen sich so also Zeiteinsparungen und Qualitätsverbesserungen erreichen.

Ob die Auftragsabwicklung damit aber insgesamt zu verbessern ist, sollte durch praktische Versuche oder Simulationsrechnungen bestätigt werden. Unter anderem ist die Gefahr zu sehen, daß durch zu starkes zeitliches 'Auseinanderziehen' (d.h. zu viele Aufträge sind gleichzeitig veranlaßt) zum einen die Übersicht nachläßt und im Änderungsfall der Änderungsaufwand steigt. Entsprechende Voraussetzungen von Seiten der Produktsystematik sollten also gegeben sein, um in der Auftragsplanung weitgehend unabhängige Prozeßketten ausbilden zu können

Konfigurierung der Veranlassungslogik

Ein Hauptkritikpunkt an konventionellen Steuerungssystemen ist, daß meist nur ein einheitliches Steuerungsverfahren verfügbar und dieses den Systemen auch eingeprägt ist. Ein Konfigurationsspielraum ergibt sich durch die Trennung der Veranlassungslogik von den zu steuernden Elementen.

Im vorliegenden Fall wurden daher die Bedingungen zum Auslösen eines Auftrags von den Auftragsnetzen und Objektstrukturen getrennt und durch ein Regelwerk implementiert. Diese Regeln sind also nicht im Anwenderprogramm oder im Netz selbst abgelegt, sondern können individuell im Datenmodell des Auftragsleitsystems hinterlegt werden.

Datenübertragung durch Freigabe

Durch die Freigabe werden alle für die Produktionsplanung relevanten Daten in das PPS-System übertragen (auftragsbezogene Freigabe). Eine vorgezogene Freigabe einzelner Daten, wie sie bei Stücklisten zur frühzeitigen Materialbeschaffung bekannt ist, ist aber auch bei auftragsbezogener Veranlassungslogik durch das Führen eines eigenen Objektstatus grundsätzlich möglich (objektbezogene Freigabe). Dazu sollten jedoch auch im PPS-System vorzeitig freigegebene Daten als solche kenntlich sein.

4.3.2 Auftragsüberwachung

Die Funktionen der Auftragsüberwachung können unterteilt werden in Funktionen

- zur Überwachung der Termineinhaltung,
- zur Überwachung des Zeit- und Kostenverlaufes sowie
- Anzeigefunktionen zur transparenten Darstellung von Teilen und Teiledaten im jeweiligen Bearbeitungszustand.

Überwachung der Termineinhaltung

Eine Terminüberwachung kann sich sowohl an den geplanten Beginn- wie auch Endterminen orientieren. Sie sollte durch zwei sich ergänzende Mechanismen ausgeübt werden.

- Zum einen kann ein **passiver Mechanismus**, der zum Zeitpunkt einer Datenrückgabe ausgelöst wird, vom Bearbeiter die Eingabe einer verbleibenden Restbearbeitungszeit anfordern. Diese Restbearbeitungszeit wird zum aktuellen Meldezeitpunkt addiert, so daß mithilfe einer Regel eine mögliche Terminüberschreitung signalisiert werden kann (vgl Bild 3.6).
- Ein **aktiver Mechanismus** hat hingegen die Aufgabe einen verspäteten Bearbeitungsbeginn bzw. eine ausbleibende Fertigmeldung zu erkennen, auch ohne daß eine Rückmeldung zum betreffenden Auftrag bzw. Teilprojekt stattgefunden hat. Dies ist durch den regelmäßigen Vergleich des aktuellen Auftragszustandes mit dem zu diesem Zeitpunkt geplanten Auftragszustand möglich.

Datentechnisch sind diese Mechanismen durch regelmäßiges 'Pollen' auf die Datenbank bzw. durch Implementierung einer Regel recht einfach zu verwirklichen. Es stellt sich eher die Frage, ob eine solche Überwachung derart konsequent z.B. auch bei Einzelaufträgen angewendet werden sollte. Derzeit ist also lediglich die Überwachung von Teilprojekten auf den Endtermin hin realisiert, da zudem eine mannbezogene Planung und daher die exakte Terminierung von Aufträgen für einzelne Mitarbeiter nicht vorgesehen ist.

Überwachung des Zeit- und Kostenverlaufes

Zur Visualisierung der Gesamtentwicklung einer Auftragsfolge wurde eine Funktion zur graphischen Darstellung von Zeit- und Kostenverläufen (zeitproportionale Kosten der Datenerstellung) implementiert. Sie vergleicht die geplanten und den tatsächlichen Projektverlauf, indem jeweils die erfaßten (veranschlagten) Zeit- und Kostenwerte innerhalb des tatsächlichen (geplanten) Zeitrahmens als linear ansteigend angenommen und addiert werden. Dies entspricht, wie schon bei der Planungsbewertung in Bild 4.12 gezeigt, einer Überlagerung von Dreiecken. Die resultierenden Summenkurven der Soll- und Ist-Werte können miteinander verglichen werden. Die Höhe der Dreiecke zeigt den jeweiligen Zeit- bzw. Kostenanteil der Aufträge an. Weitere Eigenschaften des Soll-Ist-Vergleichs:

- Wahlweise Auswertung zu Vergleichskurven von gesamten Projekten oder von auswählbaren Teilprojekten
- Auswertung der Planwerte wahlweise in der frühesten, spätesten oder einer gemittelten Auftragslage

Anzeigefunktionen zur Darstellung von Teile und Teiledaten

Da zu einer realistischen Beurteilung des tatsächlichen Arbeitsfortschritts die verbrauchten Zeit- und Kostenaufwände nicht isoliert betrachtet werden dürfen, sollte auch der sachbezogene Arbeitsfortschritt in die Betrachtung miteinbezogen werden können /Plat_86/. Eine objektive Bewertung stellt sich hier natürlich ungleich schwieriger dar als bei den durch Zahlenwerten darstellbaren Zeiten und Kosten. Insbesondere die Qualität einer Lösung ist natürlich schwer zu bewerten. Zur Darstellung zumindest des vordergründig erfaßbaren Arbeitsfortschrittes unterstützt das Auftragsleitsystem die graphische Darstellung der Objekte in einer Art Produktdatenmonitor, in dem der Zustand einzelner Teile und Teiledaten der kundenspezifischen Produktkonfiguration farblich gekennzeichnet wird (Bild 4.16).

Wahlweise können dargestellt werden:

- Alle Baugruppen und Einzelteile eines Produkts in Orientierung an der Produktstruktur
- Alle Teiledaten, die zu einem Produkt, einer Baugruppe oder einem Einzelteil vorliegen

Darüberhinaus erlaubt die flexible Gestaltung von Datenbankabfragen eine Variation der beiden Anzeigefunktionen mit weiteren Attributen. Die nachfolgenden Abfragemöglichkeiten seien beispielhaft genannt:

- Darstellung von Teilen und Teiledaten nach dem Bearbeitungsstand
- Nach Zeitaufwand und Kosten
- Nach Angaben des Bearbeiters und Bearbeitungszeitpunkts
- Nach Objektabhängigkeiten
- Mittels der Information der Zugriffsliste nach auftrags- und kundenbezogenen Angaben

Im Bild 4.16 sind die Teiledaten zum Beispielwerkstück aus Kapitel 6 zu erkennen. Die Symbole stehen stellvertretend für die Spezifikationsliste, die Konstruktionsdaten, den Arbeitsplan und zwei NC-Programme. Anhand der farblichen Kennzeichnung ist zu erkennen, daß eine gültige Spezifikation vorliegt, die Daten der Konstruktion bereits

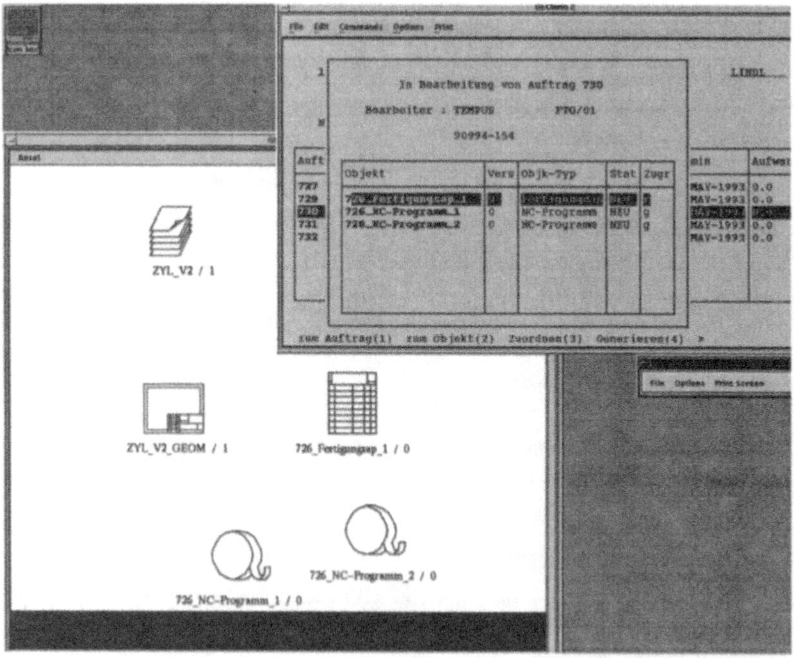

Bild 4.16: Symbolische Visualisierung von Teilen und Teiledaten in verschiedenen Bearbeitungszuständen

erstellt wurden, alle übrigen Daten hingegen noch nicht in Bearbeitung sind. Ergänzend zur Grafik ist ein Auszug der Zugriffsliste dargestellt. Dieser gibt an, durch wen die verbleibenden Teiledaten noch zu erbringen sind.

4.3.3 Änderungswesen

Eine der wesentlichen Voraussetzungen für eine termin-, kosten- und qualitätsgerechte Ausführung von Konstruktions- und Planungsaufgaben ist die frühzeitige und möglichst vollständige Klärung der Produktanforderungen /Groß_92/. Dennoch werden sich im Verlauf der Durchführung i.a. auch Änderungen ergeben, die entweder extern (zusätzliche Kundenwünsche, veränderte Randbedingungen) oder intern (Verbesserungsvorschläge, aufgetretene technische Probleme) motiviert sein können /Plat_86/. Änderungen müssen daher auch nicht zwangsläufig eine Positionsverschlechterung im Hinblick auf die Zielgrößen des Auftrags bedeuten. Es darf daher nicht das Ziel sein, Änderungen zu verhindern /Pisc_91/. Sie sollten durch frühzeitige und weitgehende Klärung der Anforderungen zwar minimiert werden. Wenn sie jedoch auftreten, sollten sie so effizient wie möglich umgesetzt werden können.

Änderungsvorlauf

Da Änderungen in der Regel durch veränderte Anforderungen bzw. Randbedingungen motiviert sind, liegt es nahe, zur formalen Darstellung von Änderungsanforderungen das Spezifikationswesen heranzuziehen. Die ablauforganisatorische Abwicklung ist in Bild 4.17 dargestellt. Ein Antragsteller kann demnach seinen Änderungswunsch in Form einer Änderungsspezifikation formulieren und in das übrige Spezifikationsgefüge einordnen.

Gleichzeitig ist eine Stelle zu benennen, welche kompetent über die Durchführbarkeit der Änderung zu entscheiden hat. Datentechnisch kann auch dies durch Eintragen einer Freigabeinstanz für die Änderungsspezifikation geschehen. Da aber anders als im Projektmanagement keine einzelne, fachorientierte Stelle ('change control board') existiert, um über Änderungen von u.U. bereichsübergreifender Auswirkung zu entscheiden, sollte die Änderungsanforderung über die Fachabteilung gegebenenfalls nach oben bis zur Auftragsleitstelle durchzureichen sein. Gleichzeitig werden die betroffenen Fachbereiche über eine Art Verteiler von der Existenz der Änderungsanforderung in Kenntnis gesetzt. Dabei sollte die Möglichkeit vorhanden sein, die Änderungsspezifikation um Anmerkungen zu ergänzen. Unter Einbeziehung aller betroffenen Stellen ist eine Entscheidung bezüglich der Änderungsdurchführung zu treffen. Der Stand einer Änderungsanforderung wird dabei jeweils durch den Spezifikationsstatus festgehalten.

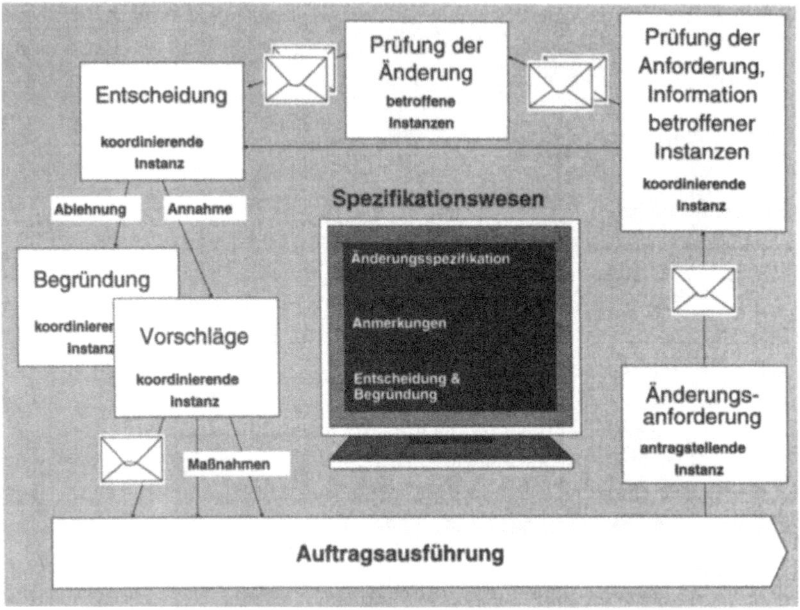

Bild 4.17: Unterstützung der Änderungsankündigung und -durchführung durch das Spezifikationswesen

Änderungsdurchführung

Die Ablehnung einer Änderungsanforderung sollte begründet und dokumentiert werden. Wurde einer Änderungsanforderung jedoch stattgegeben, so ist die Frage zu klären, wie sich diese Entscheidung auf die bestehende Auftragsstruktur auswirkt. Je nach Art der Änderung kann es vorkommen, daß bereits ausgeführte Tätigkeiten wiederholt werden müssen oder neue, bisher nicht im Auftragsnetz berücksichtigte Aufgaben auszuführen sind. In dieser Hinsicht wäre es also sowohl denkbar, Aufträge durch einen Änderungsstatus neu aufzusetzen oder den Netzplan um neue Aufträge zu ergänzen. Da aber mit den im Auftragsnetz enthaltenen Zeitangaben die Steuerung der Auftragsabwicklung verbunden ist, würde ein Zurücksetzen im Auftragsnetz bedeuten, daß für alle betroffenen Aufträge neue Zeitvorgaben und neue Termine zu bestimmen sind. Die alten Zeitangaben sind zur Durchführung der weiteren Auftragsplanung zu überschreiben. Diese Vorgehensweise dürfte nach derzeitiger Einschätzung einerseits zu unübersichtlich sein und andererseits die Fehlergefahr erhöhen, da beispielsweise die bis dahin angefallenen Ist-Zeiten nicht mehr mit den neuen Vorgabezeiten korrelieren.

Aus diesem Grund sollten Änderungen im Auftragsnetz durch Einfügen von Änderungsaufträgen berücksichtigt werden, denen alle zu ändernden Objekte unter Angabe eines Änderungsaufwandes zugeordnet werden.

4.3.4 Protokollerstellung

Da sowohl durch das Auftragsmodell wie auch durch das Objektmodell jeweils nur der aktuelle Zustand der Auftragsabwicklung wiedergegeben werden, ist in Hinsicht auf die Nachvollziehbarkeit von Vorgängen eine Protokollierung von Vorgängen sinnvoll (Bild 4.18). Dies kann am einfachsten dadurch geschehen, daß automatisch jeder Statuswechsel eines Auftrags bzw. Projekts oder eines Objekts festgehalten wird. Eine weitreichende Nachvollziehbarkeit des Auftragsgeschehens ist durch folgende Datenfelder der Protokolldatei möglich:

Protokolldatei

Zeitpunkt	Instanz	Auftragid	von	nach	Objektid	von	nach	Spezid
7-Jan-93 16:48	271	4712	Bear	Frtg	78910	Bear	Frtg	-
7-Jan-93 16:48	271	4712	Bear	Frtg	78911	Bear	Frtg	-
8-Jan-93 10:00	45	4712	Frtg	Aend	78910	Frtg	Aend	2342
8-Jan-93 10:00	45	4712	Frtg	Aend	78911	Frtg	Aend	2342
12-Jan-93 14:30	271	4712	Aend	Bear	78910	Aend	Bear	-

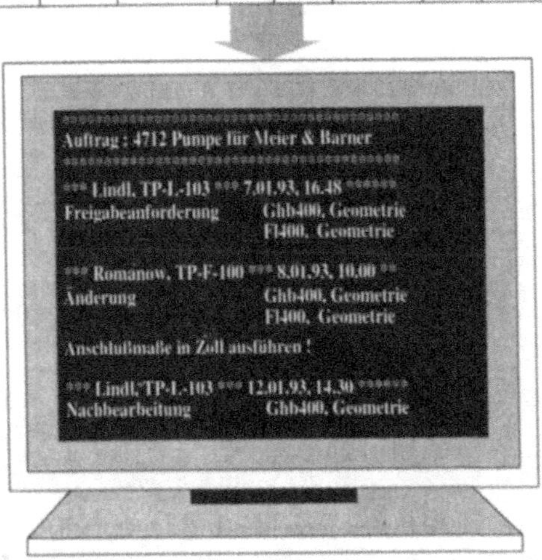

Auftragsbezogene Auswertung

Bild 4.18: Protokolldatei zur Dokumentation von Konstruktions- und Planungsaufgaben

- Auftragsnummer mit Ein- und Ausgangszustand
- Objektnummer mit Ein- und Ausgangszustand
- Zeitpunkt des Statuswechsels
- Nummer der veranlassenden Instanz
- Referenzen auf Spezifikationen, um gegebenenfalls den Zusammenhang zu Anforderungen herzustellen

Das Bild 4.18 zeigt weiterhin eine lesbare, ausgewertete Form der Protokolldatei.

4.4 Zusammenfassung & Realisierungsgrad

Die in Kapitel 4 vorgestellten Module erlauben eine durchgängige, konsistente Abwicklung von kundenspezifischen Konstruktions- und Planungstätigkeiten angefangen von der Übernahme kundenspezifischer Anforderungen aus dem PPS-System bis hin zur Auftragsüberwachung und -steuerung. Neben neuen Verfahren, die durch die Trennung einer Aufgabendefinition in zwei datentechnische Grundelemente, nämlich in den 'Auftrag' und das 'Objekt', erforderlich waren, kamen auch bekannte Verfahren (z.B. in der Termin- und Kapazitätsplanung) zur Anwendung. Die Transparenz über das Auftragsgeschehen konnte dabei durch Verwendung verschiedener grafischer Hilfsmittel wesentlich verbessert werden. Von den beschriebenen Funktionen der **Auftragsplanung** wurden folgende Funktionen realisiert:

- Die Aufgabenplanung zur kundenspezifischen Produktkonfiguration bei Variantenkonstruktionen sowie das Editieren und Auswerten zentral dargestellter Spezifikationen
- Funktionen zur graphisch unterstützen Auftragsbildung und Ablaufplanung mit Hilfe eines Netzplaneditors
- Funktionen zur Terminierung von Auftragsnetzen mit Anzeige der Belastungssituation
- Eine graphische Anzeigefunktion zur Darstellung und Bewertung voraussichtlicher Projektverläufe mit alternativen Auftragskonfigurationen

Das Auftragsleitsystem zeichnet sich bei der Auftragsplanung gegenüber gängigen Projektmanagementsystemen vor allem durch den Zugriff auf ein Objektmodell aus, das prozeßbegleitend den zu erwartenden Umfang an Teiledaten repräsentiert. Eine derartige übergeordnete, vollständige und konfigurierbare Darstellung von Teile- und Teiledatenstrukturen mit einer Beschreibung ihrer Abhängigkeiten existiert heute in der

Regel noch nicht. Der Anwender wird durch dieses Objektmodell bei der Aufgabendefinition durch den Zugriff auf Produktstrukturen unterstützt, die um zentral dargestellte Spezifikationen zu ergänzen sind. Das Objektmodell des ALS vereinfacht und flexibilisiert darüberhinaus die weitere Auftragsbildung, indem die Objekte aufgrund von Merkmalen und unterstützt durch Datenbankregeln Auftragselementen zugeordnet werden können. Auf der Grundlage der mitgeführten, objektbezogenen Soll-Bearbeitungszeiten sind verschiedene Auftragskonfigurationen anhand der voraussichtlichen Kosten- und Zeitverläufe zu vergleichen.

Aus dem Bereich der **Auftragsüberwachung und -steuerung** wurden realisiert:

- Funktionen zur manuellen (Netzplaneditor) und auftragsbezogenen, zustandsgesteuerten Auftragsveranlassung
- Die regelbasierte Überwachung des Endtermins
- Eine graphische Anzeigefunktion zum Vergleich geplanter und tatsächlicher Projektverläufe nach Zeit- und zeitproportionalem Kostenaufwand
- Ein Produktdatenmonitor zur Anzeige der vorliegenden Teiledaten mit Kennzeichnung des jeweiligen Objektzustandes
- Die Freigabefunktion mit Übertragung von Teile- und Stücklistendaten in das PPS-System

Das besondere Kennzeichen dieses Funktionsbereiches ist die ereignisorientierte Vorgehensweise bei der Aktualisierung der Auftragsnetze und Objektstrukturen aufgrund der Objektbearbeitung. Eine besondere Bedeutung erhält auch hier wiederum das Objektmodell des ALS, das einerseits eine weitergehende Automatisierung und Differenzierung der Rückmeldungen zuläßt und andererseits die Abhängigkeiten zwischen Bearbeitungsprozessen unabhängig von der Auftragsstruktur abbildet. Dies unterstützt ganz wesentlich den Kommunikationsbedarf der Projektbeteiligten in einem vernetzten Arbeitsprozeß.

Nicht realisiert, sondern lediglich beschrieben und im Datenmodell berücksichtigt wurden:

- Funktionen zur objektbezogenen Generierung von Vorgabezeiten (Zeitaufwand) und auftragsbezogenen Plan-Durchlaufzeiten
- Die Funktionen der Netzplangenerierung auf der Basis der Objektstrukturen, die Ablaufplanung erfolgt anstelle dessen mit Standardablauffolgen
- Die Funktionen zur Abwicklung von Änderungen

5 Integration mit dem Auftragsleitsystem

5.1 Ziele und Anforderungen der Systemintegration

Das Auftragsleitsystem plant, überwacht und steuert die Teilprozesse der Produktdatenerstellung, das PPS-System nimmt diese Aufgabe für Beschaffungs- und Fertigungsprozesse wahr. In beiden Systemen geschieht dies u.a. auf der Basis der produkt- und prozeßdefinierenden Daten, welche durch die Konstruktion und Arbeitsplanung beispielsweise in Form von Teiledaten, Stücklisten und Arbeitsplänen bereitgestellt werden /Hack_89, Brau_90, Lutz_88/. Diese Daten werden in zunehmendem Maße mit Hilfe von CAD- und CAP-Systemen erstellt. Zur Vermeidung des manuellen Übertragungsaufwandes müssen diese Daten daher von den auftragsausführenden CA-Systemen in die Planungs- und Steuerungssysteme übertragen werden.

In umgekehrter Richtung sind den Konstrukteuren und Arbeitsplanern in stärkerem Maße als bisher technisch-kaufmännische Daten zur Verfügung zu stellen, um auf der Grundlage einer erweiterten Informationsbasis auch unter Zeit- und Kostengesichtspunkten günstige Lösungen zu entwickeln /Scho_88/.

Zwischen den planenden und ausführenden Funktionsbereichen besteht somit ein gegenseitiger Informationsbedarf, der zum Teil durch Datentransfer und zum Teil durch Informations- d.h. Anzeigefunktionen zu decken ist /Brau_90/. Die Qualität, mit der die jeweiligen Aufgaben wahrgenommen werden können, wird dabei maßgeblich von der Aktualität und Konsistenz der zur Verfügung gestellten Daten beeinflußt. Dies gilt insbesondere auch für die angestrebte kurzfristige Koordination der Konstruktions- und Planungsprozesse durch das Auftragsleitsystem. Die Ziele einer Integration ausführender Systeme mit dem Auftragsleitsystem sind daher folgendermaßen zu formulieren:

- Vermeidung von zeitraubenden und fehleranfälligen manuellen Dateneingaben
- Sicherung der Aktualität der Planungs- und Steuerungsinstrumente ALS und PPS
- Konsistenzsicherung der auf verschiedene Systeme verteilten Teiledaten (z.B. durch die Vergabemöglichkeit eindeutiger Identnummern und logische Verknüpfung von Teiledaten mit den im CA-System vorhandenen Geometrie- und Technologiedaten)
- Vermeidung von Datenredundanzen bzw. Kontrolle der notwendigen Redundanzen
- Bessere Informationsbereitstellung für Konstrukteure und Arbeitsplaner sowie wiederholte Nutzung von Daten aus bestehenden Datenbeständen

Ein Blick auf die heute eingesetzten Schnittstellenlösungen zeigt, daß zur Anbindung von CA-Systemen an Planungs- und Steuerungssysteme aufgrund des geringen Standardisierungsgrades vielfach entweder anwenderspezifisch Individuallösungen entwickelt wurden oder von bestimmten Systemherstellern angebotene Einzelschnittstellen eingesetzt werden /Brau_90/. Die Existenz von nachträglich angefügten Schnittstellen und die daraus notwendige ablauforganisatorische Regelung ist oftmals nicht in der Systemkonzeption berücksichtigt.

Es besteht hier also das generelle Problem, daß die Verantwortung für die Konsistenz und die korrekte Verarbeitungsreihenfolge von Daten an die u.U. völlig unabhängig voneinander entworfenen Applikationen bzw. an die Anwender delegiert wird, solange die Zugriffe z.B. auf einen Übertragungsbereich nicht miteinander koordiniert werden können /Härd_89/ (vgl. Bild 5.1). Diese Problematik besteht nicht nur beim Datentransfer mit Hilfe von Transferdateien, sondern auch bei gegenseitigen direkten Zugriffen.

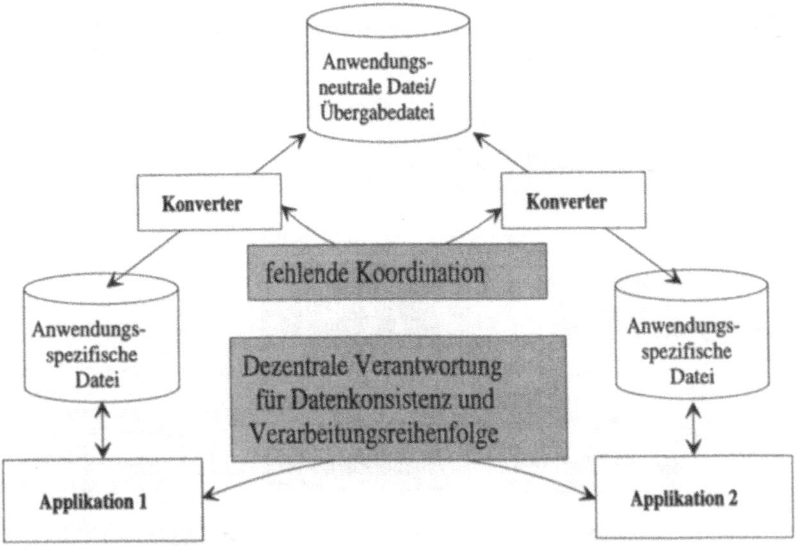

Bild 5.1: Integrationsansatz mit verteilter Verantwortung für Datenkonsistenz und Verarbeitungsreihenfolge, nach /Härd_89/

Über den Datentransfer hinausgehend ist also von Schnittstellen auch eine Unterstützung ablauforganisatorischer Aspekte zu fordern. Dazu sind im einzelnen folgende Aufgaben zu erfüllen /Lutz_88/:

- Verwaltung der Zusammengehörigkeit von Daten, die auf verschiedene Systeme verteilt sind, mit Kontrolle der unterschiedlichen Änderungsstände
- Überwachung der korrekten Verarbeitungsreihenfolge
- Überwachung der Vollständigkeit und systemübergreifenden Konsistenz
- Veranlassung der Konvertierung und Benachrichtung der Sachbearbeiter
- Zuordnung von technischen Daten zu Auftragsdaten
- Auslösung von Mechanismen, die zur terminlichen und kostenmäßigen Kontrolle eines Auftrags beitragen

Ob und in wie weit die Forderung nach ablauforganisatorischer Kontrollfähigkeit von Datenübertragungsvorgängen von Seiten einzelner Schnittstellen tatsächlich erfüllt werden kann, hängt unter anderem ab von der datentechnischen Ausführung der Schnittstellenprogramme sowie von der Systemoffenheit der angeschlossenen Systeme.

Zunächst soll daher eine Übersicht über Schnittstellenarten gegeben werden /Ande_89/. Zusätzlich sind die wichtigsten Größen aufgeführt, die im jeweiligen Fall für einen Datenzugriff benötigt werden (Bild 5.2).

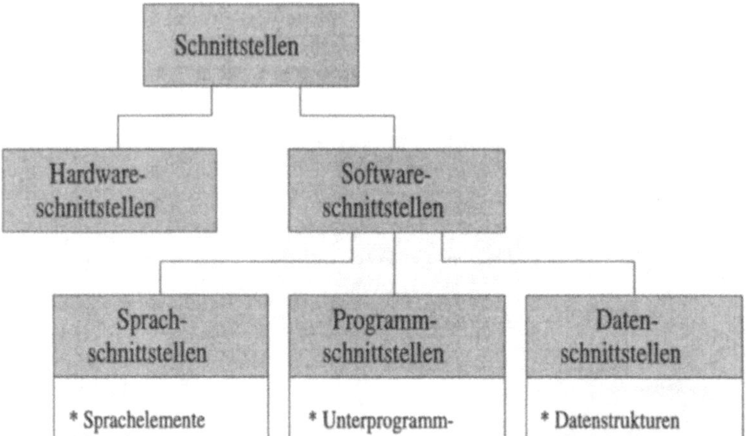

Bild 5.2: Möglichkeiten der datentechnischen Realisierung von Schnittstellen, nach /Ande_89/

Als **Sprachschnittstellen** werden Schnittstellen zwischen Systemen bezeichnet, deren Prozesse miteinander kommunizieren und so auch Daten austauschen können. Dies bedingt eine gemeinsame Sprache d.h. gemeinsame Sprachelemente, Syntax und Grammatik sowie eine Synchronisationsfähigkeit der Systeme, um beispielsweise konkurrierende Anfragen zu trennen und getrennt abzuwickeln. Die Datenbankabfragesprache SQL stellt ein Beispiel einer Sprachschnittstelle dar.

Bei einer **Programmschnittstelle** (auch bezeichnet als 'Fortran'- oder CALL-Schnittstelle) werden in ein System vorübersetzte Unterprogramme eingebunden, wodurch ein direkter Zugriff auf die Dateien desjenigen Systems möglich ist, das diese Programmaufrufe zur Verfügung gestellt hat. Außer dem Programmnamen müssen die Programmparameter bekannt sein, unter Umständen sind Anpassungen aufgrund verschiedener Programmiersprachen von aufrufendem System und aufgerufenem Unterprogramm notwendig.

Bei **Datenschnittstellen** erfolgt der Datentransfer durch Zugriff eines Systems auf externe Dateien mit systemeigenen oder eigens dafür entwickelten Programmen. Dazu muß hier der Aufbau dieser Datei und der Datensätze bekannt sein. In diese Kategorie fallen beispielsweise alle Schnittstellen, welche Dateien in einem neutralen Format (z.B. IGES, VDAFS) zum Datentransfer verwenden. Festzuhalten ist hier, daß die Daten nicht online in das andere System übertragen werden. Eine Regelung der Zugriffe könnte allenfalls durch in die Daten eingefügte Steuerdaten stattfinden. Eine ablauforganisatorische Kontrolle des Datentransfers wird also in der Regel nicht durch die Schnittstellenprogramme unterstützt, sondern kann meist nur durch Behelfsmaßnahmen, wie z.B. zyklisches Auslesen von bestimmten Transferdateien, realisiert werden.

Es ist festzustellen, daß sich für eine ablauforientierte Integration Sprach- und Programmschnittstellen aufgrund der online-Datenübertragung, der meist geringeren Redundanzen und aufgrund der besseren Synchronisationsmöglichkeiten eher eignen als Datenschnittstellen.

Einen entscheidenden Beitrag zur Integrationsfähigkeit leisten nicht nur die Schnittstellen, welche gegebenenfalls von einem System angeboten werden. In gleichem Maße ist die Offenheit eines Systems durch seinen internen Aufbau bestimmt. Wünschenswert wäre die Erfüllung folgender Randbedingungen:

- Strukturiertheit der Daten
- Zulassen von Fremdschlüsseln zur Ermöglichung von Querbeziehungen
- Langlebigkeit der eigenen Schlüsseldaten

- Normiertheit der Attribute (unabhängige Sachverhalte sollten nicht vermischt, sondern durch getrennte Datenfelder abgebildet werden)
- Dokumentation und gegebenenfalls Konfigurationsmöglichkeit der Wertebereiche wesentlicher Zustandsgrößen

Darüberhinaus ist zu bedenken, daß bei z.B. bei der Kopplung von PPS- und CA-Systemen, Systeme völlig unterschiedlicher Funktion mit demzufolge unterschiedlichen Informationsmodellen vorliegen. Dies zeigt sich oftmals allein durch die Verwendung verschiedener Begriffe für eigentlich recht eng zusammenhängende Sachverhalte (z.B. 'Produkt', 'Artikel', 'Halbfertigprodukt' usw. in der Produktionsplanung, 'Einzelteil', 'Baugruppe' usw. in der Konstruktion und Arbeitsplanung). Eine Orientierung aller Systeme an einer Art Produktmodell mit entsprechender Strukturierung und Klassifizierung der Daten, an der Stelle von systemoptimierten Strukturen könnte somit die gegenseitige Abbildbarkeit der Informationsmodelle bereits wesentlich verbessern.

5.2 Konzeption einer ablauforientierten Integration mit dem Auftragsleitsystem

Im vorangegangenen Abschnitt wurde auf die Notwendigkeit einer ablauforganisatorischen Kontrollmöglichkeit von Datentransfervorgängen in Hinblick auf die Datenkonsistenz und korrekte Verarbeitungsreihenfolge hingewiesen. Diese Kontrolle ist insbesondere notwendig, wenn Daten nicht nur sequentiell in Form einer Punkt-zu-Punkt Verbindung der Systeme zu verarbeiten sind, sondern verschiedene Prozesse mit u.U. zeitlicher Überschneidung auf Teiledaten zugreifen wollen. Die genannte Koordinationsleistung ist durch die auf verschiedene Systeme verteilten und uneinheitlichen Datenrepräsentationen nicht zu erbringen.

Das Koordinationsproblem ist aber beispielsweise durch eine Zentralisierung der Sicherungs- und Kontrollmaßnahmen in der logisch zentralen Datenbank des Auftragsleitsystems zu lösen (Bild 5.3). Das Objektmodell des ALS wirkt somit durch seine Strukturen und Zustandsgrößen in ablauforganisatorischer Hinsicht als Zentralvermittler bei der Übertragung von Teiledaten zwischen einzelnen Systemen. Im vorliegenden Fall wird die Verarbeitungsreihenfolge durch die im ALS bestimmte Auftragsreihenfolge festgelegt. Die Datenkonsistenz auf Objektebene wird durch die Objekthierarchie, Objektabhängigkeit und die Objektstati überwacht. Diese Information kann folglich zur Steuerung der einzelnen Bearbeitungsprozesse herangezogen werden:

- In Arbeit befindliche Objektdaten können zeitgleich nicht nochmals bearbeitet d.h. generiert oder modifiziert werden. Sie dürfen unter Hinweis auf den Bearbeitungszustand nur gelesen werden.
- Durch den Änderungsstatus eines Objekts erhalten auch alle nachfolgenden, abhängigen Objekte den Änderungsstatus
- Bei objektbezogener Auftragsveranlassung kann die Bearbeitung eines Objekts ab dem Zeitpunkt erfolgen, zu dem alle Eingangsinformationen vorliegen
- Die Objektstati korrelieren innerhalb der Objekthierarchie. Beispielsweise ist ein Objekt solange in Bearbeitung, solange eines seiner Teilobjekte in Bearbeitung steht (Auch ein physisch vorhandenes Produkt ist nicht vollständig, solange noch ein Einzelteil fehlt).

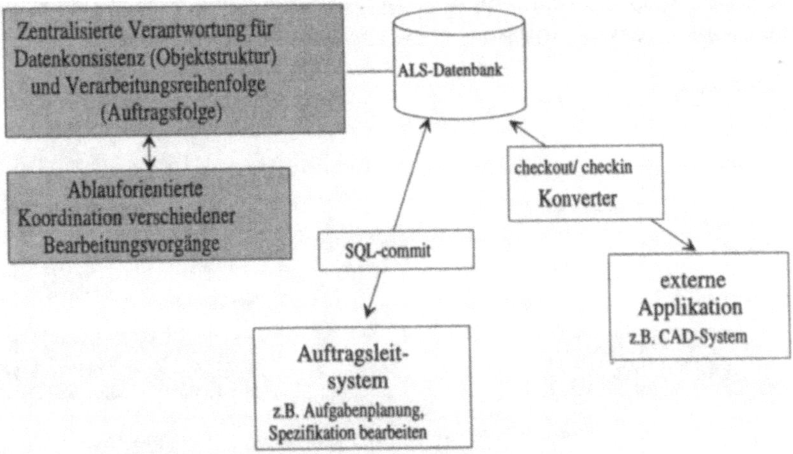

Bild 5.3: Ablauforientierter Integrationsansatz mit zentralisierter Verantwortung für Datenkonsistenz und Verarbeitungsreihenfolge

Dabei sind die einzelnen Teilprozesse zur Bearbeitung von Objekten für sich als abgeschlossene Einheit ('Transaktion') zu betrachten. Diese Vorgehensweise wird bei Funktionen des Auftragsleitsystems, die nicht außerhalb der Datenbank stattfinden (z.B. Bearbeiten einer Spezifikation), durch die Transaktionsmechanismen des Datenbanksystems unterstützt. Bis zum Absetzen einer Anweisung 'Commit' werden alle Manipulationen des Datenbestandes zwischengespeichert, so daß diese Aktionen in ihrer Gesamtheit oder bei Abbruch überhaupt nicht umgesetzt werden.

In ähnlicher Weise können externe Bearbeitungsvorgänge z.B. in einem CAD-System gestaltet werden (vgl. Bild 5.3), indem die relevanten Objektdaten der Datenbank entnommen (checkout) und durch den Bearbeitungsstatus gekennzeichnet werden. Ausgelöst durch die Rückmeldung des Bearbeiters werden die neuen Objektdaten in die Datenbank eingetragen (checkin) und der Bearbeitungsstatus durch die Fertigmeldung ersetzt. Dadurch können weitere Bearbeitungs- oder Übertragungsvorgänge angestoßen werden.

Es ergibt sich somit eine ablauforientierte Gestaltung der Datenzugriffe. Bild 5.4 zeigt beispielhaft einen solchen Ablauf für ein Teil und die konstruktive Bearbeitung seiner Teilegeometrie. Durch die Auftragsplanung wurde die Notwendigkeit eines neuen Teils ermittelt und durch Generierung eines Objekts mit seinen Teilobjekten im ALS festgehalten (Objektstatus 'neu'). Nach der erfolgten Ablauf- sowie Termin- und Kapazitätsplanung kann die Konstruktion die Bearbeitung der Geometrie ('bear') in der eben genannten Weise durchführen. Es ist zu erkennen, wie ausgelöst durch den jeweiligen Statuswechsel relevante Teiledaten in das PPS-System übertragen werden.

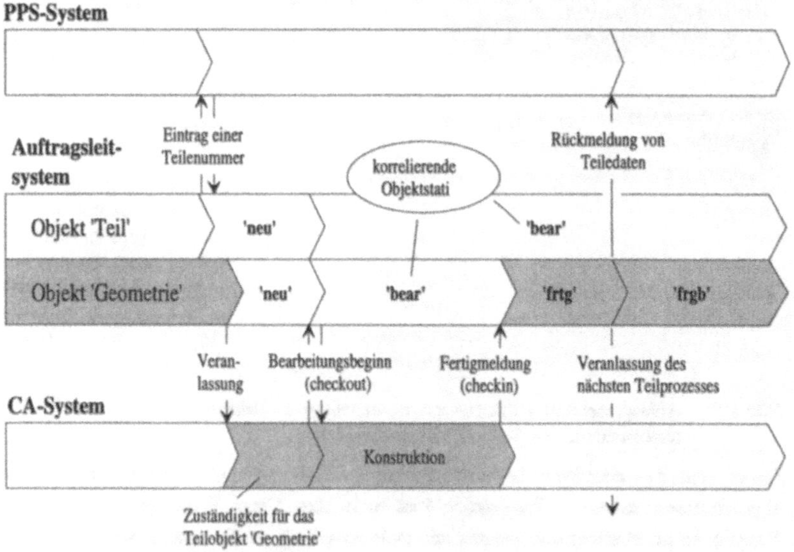

Bild 5.4: Beispiel für einen ablauforganisatorisch kontrollierten Datentransfer aufgrund des zentral dargestellten Objektstatus

Die Realisierung des gezeigten Ablaufs mit fortwährend konsistenten Objektrepräsentationen erfordert sowohl den Zugriff von extern auf Objekte des Auftragsleitsystems (z.B. bei Bearbeitungsbeginn oder Rückmeldung von Daten durch das CAD-System) als auch umgekehrt den Zugriff der ALS-Funktionen auf externe Objekte. Dabei stellt die Objektstruktur des Auftragsleitsystems mit Hilfe von systemspezifischen Zugriffsverweisen den Zusammenhang zwischen den auf verschiedene Systeme verteilten Teiledaten her.

Gestaltung der Datenzugriffe

In jedem System sind Daten eindeutig zu kennzeichnen. Wie diese eindeutige Kennzeichnung aussieht, hängt u.a. von der jeweiligen Datenorganisation eines Systems ab:

- Bei der Verwaltung von Daten in Tabellen und Datenbankdateien wird in der Regel eine eindeutige Identifikationsnummer (Schlüssel) zur Kennzeichnung eines bestimmten Datensatzes verwendet. Diese Art der Datenorganisation ist häufig bei PPS-Systemen und auch beim Auftragsleitsystem anzutreffen.
- Bei der Ablage einzelner Teiledateien in jeweils getrennte Dateien oder Datenbanken dienen die betriebssystemspezifischen Zugriffspfade auf diese Dateien oder Datenbanken zum Auffinden einer Information. Dies ist eher bei CAD- oder NC-Programmiersystemen der Normalfall, wobei hier bei weitergehend strukturierten Systemen auch nochmals innerhalb einer Datei bzw. Datenbank applikationsspezifische Zugriffsverweise d.h. wiederum Schlüssel vorhanden sind.

Zur Ermöglichung eines beiderseitigen Zugriffs zwischen einer Repräsentation von Teiledaten und seiner Objektrepräsentation im ALS ist daher ein Austausch der Zugriffsinformationen (Schlüssel) notwendig (Bild 5.5). Dabei ist durchaus ein gewisser Gestaltungsspielraum vorhanden. Beispielsweise wäre es denkbar, nur die externen Schlüssel in das Datenmodell des ALS aufzunehmen. Größtmögliche Flexibilität und einen schnelleren Zugriff bietet jedoch die gegenseitige Verzeigerung der Teiledaten mit ihren Objektrepräsentationen im ALS. Für die Konsistenz der Zugriffsverweise ist durch Anpassung der externen Systeme vor allen Dingen bei Lösch- und Änderungsfunktionen Sorge zu tragen. Bei einer Datenorganisation in Dateien (wie im Bild für System B) sind zusätzliche Sicherungsmaßnahmen auf Betriebssystemebene z.B. gegen ungewolltes Löschen oder Umbenennen einer Datei zu empfehlen. Von verschiedenen Betriebssystemherstellern werden dafür heute bereits Produkte (z.B. EDCS) angeboten. In Kapitel 5.3 wird die Verwendung eines applikationsspezifischen Teileverwaltungssystems (ausgestattet mit einer Programmschnittstelle) zum Schutz von Geometriedatenbanken gezeigt.

Der Zugriff auf die Daten des Auftragsleitsystems **von extern** ist mit Hilfe der systemübergeordnet eindeutigen Objektidentnummer und durch Implementierung einer Datenbankschnittstelle für die jeweilige Applikation realisiert. Die Entwicklung der Datenbankschnittstelle wird i.a. von allen gängigen Datenbanksystemen durch Entwicklungsumgebungen unterstützt, mit der SQL-Aufrufe in Fremdprogramme eingebunden werden können (sogenannte 'embedded languages' oder 'host based languages').

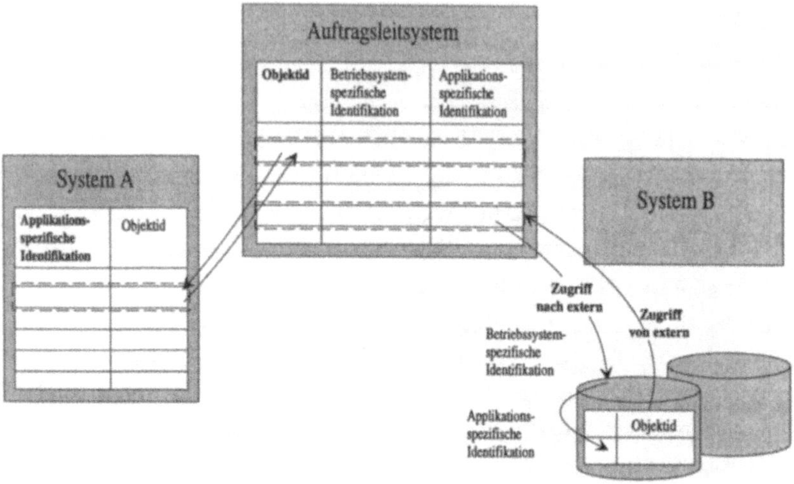

*Bild 5.5: **Objektidentnummern und Referenzangaben zum beiderseitigen Zugriff auf Objekte***

Der Zugriff der ALS-Funktionen **nach extern** ist in Abhängigkeit vom jeweiligen System dynamisch aufzubauen, da von einer heterogenen Systemumgebung mit unterschiedlichen Schnittstellenarten (Sprach- oder Programmschnittstellen) auszugehen ist. Zum Auffinden externer Objekte werden folgende systemspezifische Referenzangaben herangezogen:

- Eine **betriebssystemspezifische Referenz** kennzeichnet das Betriebssystem und den Speicherort (Knoten, Dateiverzeichnis und Dateiname) des externen Objekts.
- Die **applikationsspezifische Referenzangabe** verweist auf das externe System (Applikationsname, Version) und enthält dessen interne Zugriffsinformation (anwendungsspezifische Verzeichnisangaben, lokaler Schlüssel).

Die Referenzangaben können i.a. in Form zweier strings gespeichert werden, da sich Zugriffspfade in der Regel hierarchisch aufbauen. Im Zugriffsfall ist dann mit diesen Angaben systemspezifisch ein Schnittstellenprogramm (Sprach- oder Programmschnittstelle) aufzurufen.

Nicht immer ist ein Zugriff nach extern (d.h. vom ALS auf externe Datenbestände) datentechnisch möglich. So muß bei CAD-Systemen, welche die Teiledaten in jeweils seperate Datenbanken ablegen, die entsprechende Geometriedatenbank normalerweise erst geöffnet werden, um relevante Informationen zu lesen oder einzutragen. Konsistenzprobleme sind in diesem Fall dadurch zu vermeiden, daß beim Bearbeitungsbeginn durch das bearbeitende System ein Abgleich der Daten mit der Objektdarstellung des ALS durchgeführt wird.

5.3 Ablauforientierte Integration am Beispiel eines CAD-Systems

Beispielhaft soll der Integrationsansatz des CAD-Systems Bravo3 mit dem Auftragsleitsystem gezeigt werden (Bild 5.6). Er zeichnet sich durch folgende Aspekte aus:

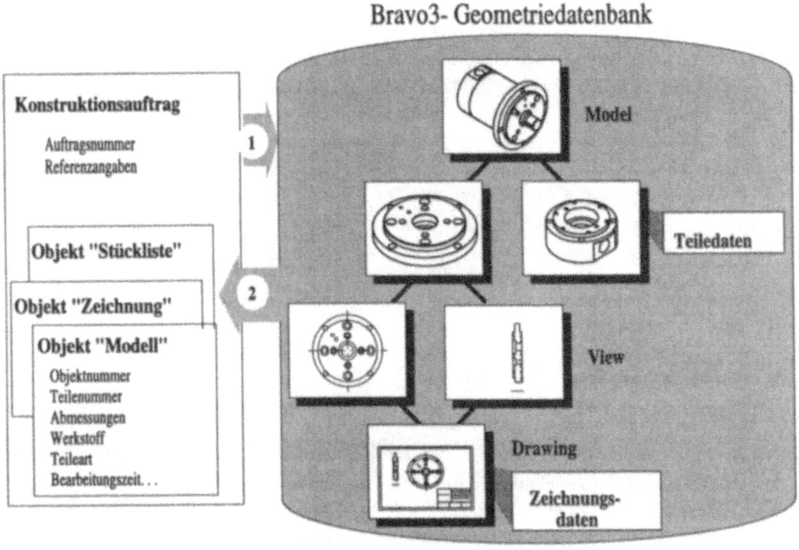

Bild 5.6: Abbildungsprozeß der Auftrags- und Objektdaten auf das Datenmodell von Bravo3

- Zur Vermeidung von Redundanzen und aber auch zur Gewährung einer temporär unabhängigen Ausführung des Konstruktionsauftrags werden Auftrags- und Objektdaten bei Bearbeitungsbeginn auf Entities der Bravo3-Geometriedatenbank abgebildet (1).

- Ein Zugriff auf die ALS-Datenbank während der Bearbeitung des Konstruktionsauftrags besteht weiterhin, er muß aber zur Durchführung der Konstruktionstätigkeit (Generieren neuer Teile und Zeichnungen) nicht permanent verfügbar sein.
- Zusätzliche Teile- oder Zeichnungsstammdaten werden als Attribute der Zellen angelegt. Die Stückliste wird als Struktur der Modellzellen interpretiert. Dabei ist die Möglichkeit zur Kennzeichnung nicht stücklistenrelevanter Zellen, z.B. mit Hilfsgeometrie, gegeben. Umgekehrt sind Stücklistenpositionen, welche nicht geometrisch darzustellen sind, zusätzlich zur Zellstruktur zu vermerken.
- Zum Zeitpunkt der Auftragsrückmeldung (2) wird die Zellstruktur der kompletten Geometriedatenbank abgearbeitet, analysiert und in Form der Auftrags- und Objektdaten an das Auftragsleitsystem zurückgegeben. Für Geometriezellen, welche zwischenzeitlich vom Konstrukteur neu angelegt wurden, erfolgt eine Neuanlage eines Objekts in der Objektdatei des ALS, geänderte Daten werden abgeglichen. Gleichzeitig wird die Geometriedatenbank geschlossen und vor willkürlichen Zugriffen geschützt.

Die Generierung neuer Geometriemodelle und Zeichnungen bzw. ihre Veränderung dem ALS gegenüber werden also nicht unmittelbar transparent, sondern erst zum Zeitpunkt der Rückmeldung. Sollte dies jedoch z.B. aufgrund einer längeren Bearbeitungszeit notwendig sein, so kann der Konstrukteur auch Zwischenmeldungen absetzen. Die Auftrags- und Objektdaten werden dann ohne Veränderung des Bearbeitungsstatus an das ALS zurückgegeben.

Erfassung von Bearbeitungszeiten

In Hinblick auf eine Ermittlung des Zeit- und Kostenaufwandes für Produktdatenerstellungsprozesse ist die Erfassung von Bearbeitungszeiten notwendig. Um eine differenzierte Betrachtung zu ermöglichen, wurde im vorliegenden Fall eine objektbezogene Erhebung dieser Zeit realisiert. Dabei ist zu beachten, daß im Rahmen eines Auftrags mehrere Objekte bearbeitet werden können, die im Beispiel den Datenbankzellen der Geometriedatenbank entsprechen. Ausgelöst durch jeden Wechsel einer Datenbankzelle, wird für die neu geöffnete Zelle die Systemzeit als Bearbeitungsbeginn festgehalten. Beim Wechsel in die nächste Zelle oder bei Beendigung der Auftragsbearbeitung wird die zurückliegende Zeitspanne ermittelt und auf ein Zeitkonto dieser Zelle gelegt. Die so gesammelten Bearbeitungszeiten werden zusammen mit den übrigen Auftrags- und Objektdaten bei der Auftragsrückmeldung zurückgegeben.

Integration einer systemspezifischen Teiledatenverwaltung

Zum Schutz und zur Verwaltung der Geometriedatenbanken nach erfolgter Auftragsbearbeitung wurde das systemspezifische Verwaltungssystem (Librarian) von Bravo3 in die Auftragsbearbeitung miteinbezogen (Bild 5.7). Die im Auftragsleitsystem vorliegenden Referenzangaben können außerdem dazu genutzt werden, die beispielsweise im Zuge einer Recherche gefundenen Teile oder vom Vertrieb zur Variation angegebenen Basisteile automatisch auf dem Bildschirm darzustellen.

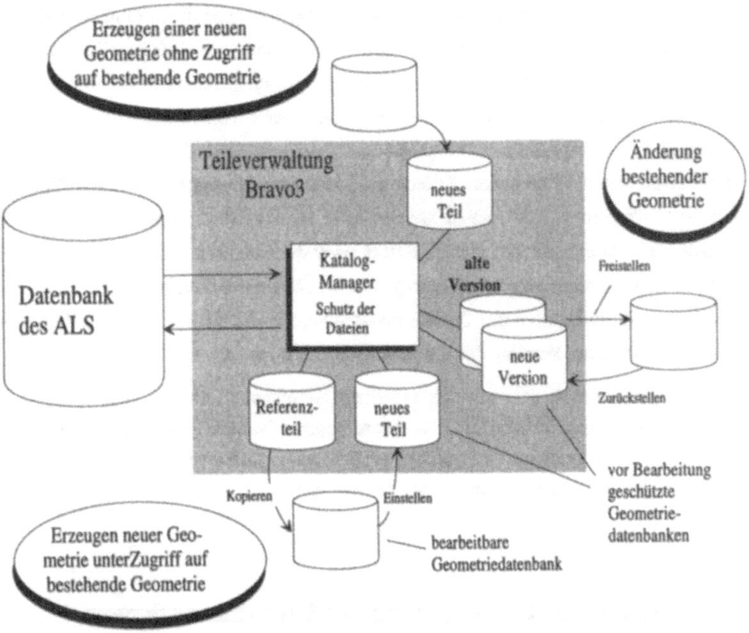

Bild 5.7: Integration eines systemspezifischen Verwaltungssystems zum Schutz der Geometriedatenbanken

- **Neuanlage von Geometrie**: Zum Auftrag ist ein neues Objekt angegeben, zu dem bisher noch keine Teiledaten vorliegen und auch kein Referenzteil spezifiziert ist. Durch die Funktion 'Auftragsbearbeitung' wird eine Geometriedatenbank angelegt und mit den Auftragsdaten initialisiert. Für jedes neue Objekt wird eine Geometriezelle angelegt und mit der Objektnummer benannt. Nach der Rückmeldung wird diese Datenbank geschlossen und unter die Kontrolle des Teileverwaltungssystems gestellt.

- **Neuanlage von Geometrie unter Variation existierender Geometrie**: Es ist ein neues Objekt angegeben, für das ein Referenzteil spezifiziert ist. In diesem Fall wird auf Wunsch die Geometriezelle des Referenzteiles in eine neu angelegte Geometriedatenbank kopiert und entsprechend der neuen Objektnummer umbenannt. Wird nach Ausführung der Konstruktion die Geometriedatenbank geschlossen, so liegt parallel zur Datenbank des Referenzteils ein zweites, neu konstruiertes Teil vor.
- **Änderung von Geometrie:** Es muß zum Auftrag wenigstens ein Objekt angegeben sein, das schon einmal bearbeitet wurde und zu dem ein Referenzteil mit einem Verweis auf eine Bravo3-Geometriedatenbank vorliegt. Hier wird durch den Beginn der Auftragsbearbeitung die referenzierte Datenbank vom Verwaltungssystem zunächst einmal freigestellt ('withdraw') und dann geöffnet. Es erfolgt ein Abgleich der vorhandenen technischen Teiledaten und Zeichnungsangaben. Daraufhin kann die Modifikation vorgenommen werden. Die Rückmeldung einer auf diese Weise geänderten Datenbank unterscheidet sich von den anderen Konstruktionsarten insofern, daß die ursprüngliche Auftragsnummer (Datenbankname) beibehalten wird. Nach dem Zurückstellen der Geometriedatenbank in die Teileverwaltung liegt somit eine nächsthöhere Version des Geometriemodells vor.

Die zuletzt genannte Vorgehensweise unterliegt derzeit noch einigen Restriktionen. So dürfen zum Änderungsauftrag nicht mehrere solche Objekte angegeben sein, welche Referenzen auf unterschiedliche existierende Geometriedatenbanken besitzen. Diese müßten nacheinander zur Bearbeitung freige- geben, bearbeitet und zurückgestellt werden.

5.4 Module zur Unterstützung der Auftragsausführung

Nach der Vorstellung des grundsätzlichen Ablaufes einer transaktionsorientierten Auftragsausführung, soll nun eine Zusammenstellung aller Module zur Unterstützung der Auftragsausführung gegeben werden. Bild 5.8 zeigt, daß die Schnittstelle der Auftragsausführung insgesamt zweigeteilt erscheint.

Eine Zugriffsmöglichkeit auf den Datenbestand des Auftragsleitsystems besteht sowohl unmittelbar aus dem Menue des CAD-Systems als auch mithilfe einer reinen Datenbankapplikation. Hintergrund der Zweiteilung ist, daß der Konstrukteur zur Vermeidung einer wiederholten Dateneingabe unmittelbar aus dem Menue des CAD-Systems heraus Zugriff auf Auftrags- und Objektdaten haben sollte. Zum anderen sollte er parallel zur konstruktiven Tätigkeit Informationsfunktionen (Bearbeiten der Spezifikation, Recherchen in den Teiledaten) aufrufen können, ohne die Arbeit am CAD-System zu beeinträchtigen. Nach Möglichkeit sollten die Ergebnisse der Recherchen durch ein Modul zur Prozeßkommunikation in das CAD-System zu übernehmen sein. Die Auftragsausführung wird insgesamt durch folgende Funktionen unterstützt:

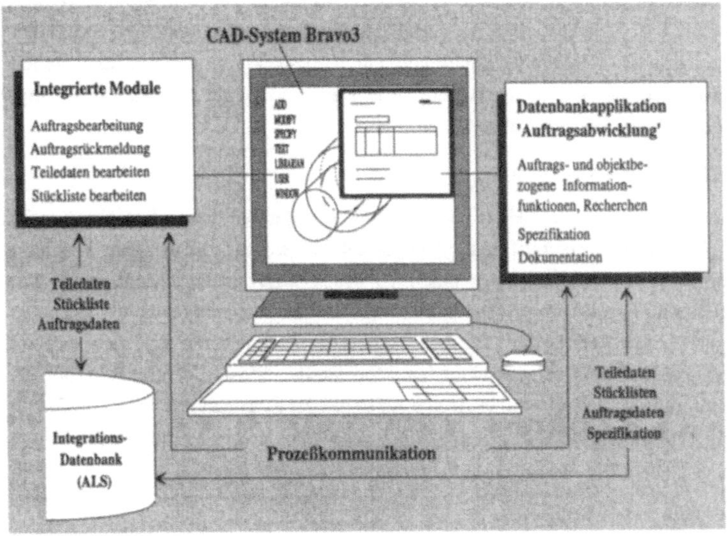

Bild 5.8: Unterstützung des Konstrukteurs am CAD-Arbeitsplatz durch integrierte Funktionen und einer zusätzlichen Datenbankapplikation

Auftragsannahme

Noch vor dem eigentlichen Bearbeitungsbeginn hat ein Konstrukteur durch die Auftragsannahme die Möglichkeit, eine frühzeitige Beurteilung z.B. bezüglich der Bearbeitungsfähigkeit seines Auftrags zu treffen. Dabei werden nur die für ihn vorgesehenen und mit seinem Kennzeichen versehenen Aufträge zur Auswahl angegeben. Eine Ablehnung ist mithilfe des Spezifikationswesens zu begründen, beispielsweise im Falle einer technischen Undurchführbarkeit in der vorgeschlagenen Form. Die Annahme kennzeichnet dagegen den Beginn seiner Zuständigkeit für den Auftrag.

Auftragsbearbeitung

Entsprechend der zuvor erwähnten Auftragsart werden durch den Bearbeitungsbeginn graphische Datenbanken des CAD-Systems geöffnet und entsprechend der vorliegenden

Auftrags- und Objektdaten initialisiert. Auftrag und Objekte werden im Auftragsleitsystem durch einen Bearbeitungsstatus gekennzeichnet.

Teiledaten editieren

Zu jedem Objekt (Geometriemodell oder Zeichnung) können eine Reihe von Teiledaten vergeben werden, welche zunächst lokal der Geometriezelle zugeordnet werden. Sind bestimmte Teiledaten bereits vorgegeben (z.B. Teilenummer oder Werkstoffangaben), so werden sie durch den Einlesevorgang automatisch zugeordnet und stehen dem Konstrukteur zur Verfügung. Andere Teiledaten wie z.B. die äußeren Abmessungen der Geometrie werden automatisch bestimmt.

Stücklisten bearbeiten

Extern vorliegende Stücklisten können mithilfe der durch die Datenbankapplikation angebotenen Informationsfunktionen eingesehen werden. Die Stückliste, welche bei der Konstruktion einer Baugruppe innerhalb des CAD-Systems vorliegt, wird durch die Zellstruktur repräsentiert. Dadurch muß keine Liste im eigentlichen Sinne geführt werden. Eine Referenzierung, d.h. Plazierung von weiteren externen und internen Modellzellen innerhalb der aktuellen Modellzelle, bildet die Strukturinformation im Hintergrund ab. Die gewohnte Arbeitsweise bei der Zusammenstellung von Baugruppen kann beibehalten werden. Mit der Auftragsrückmeldung wird die Zellstruktur gelesen und als Stückliste an das Auftragsleitsystem zurückgegeben.

Spezifikationen bearbeiten

Wie auch die Planungsinstanzen, so hat jeder Aufgabenträger die Möglichkeit, Spezifikationen zu formulieren. Diese Funktion wird von der Datenbankapplikation 'Auftragsbearbeitung' unterstützt, so daß seine Anforderungen der Auftragsabwicklung unmittelbar und nicht erst durch die Rückmeldung zur Verfügung stehen. Die Spezifikationen werden mit seinen Angaben (Name, Datum usw.) versehen.

Auftragsrückmeldung

Die Auftragsrückmeldung veranlaßt das Schließen der Geometriedatenbank und die Rückübertragung der Auftrags- und Objektdaten in den Datenbestand des Auftragsleitsystems.

6 Realisierungsbeispiel

6.1 Aufbau der Systemumgebung

Der Aufbau der realisierten Systemumgebung stellt sich wie in Bild 6.1 gezeigt dar. Die Anwender des Auftragsleitsystems verfügen je nach Funktion über mehrere Benutzerschnittstellen:

- Direkter, maskenorientierter Zugriff
- Bedienung durch einen Netzplaneditor (interaktive Ablaufplanung, Auftragsveranlassung und -freigabe)
- Bedienung durch ein Balkendiagramm mit Unterstützung einer Belastungsanzeige (Termin- und Kapazitätsplanung, Auftragsverfolgung)
- Symbolhafte Anzeige der Teiledaten durch einen Produktdatenmonitor (objektbezogene Freigabe, Auftragsüberwachung)

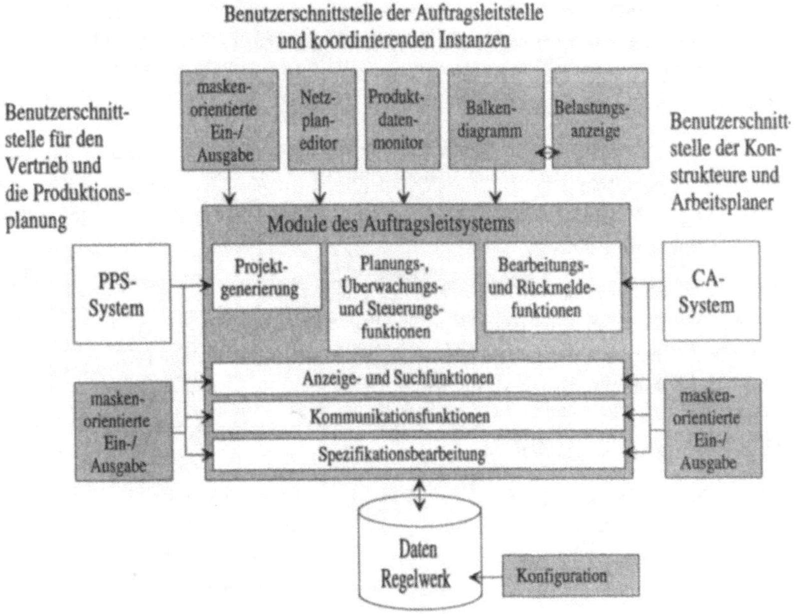

Bild 6.1: Aufbau der Systemumgebung

Die auftragsausführenden Stellen (Anwender des PPS-Systems oder der CA-Systeme) können die für sie relevanten Funktionen des ALS durch integrierte Module unmittelbar aus ihren Systemen heraus oder aber zur parallelen Bedienung durch Datenbankmasken bedienen.

Die Gestaltung der Masken wird vom verwendeten Datenbanksystem Ingres 6.3/03 unterstützt, das auch die Hilfsmittel zur Implementierung der Datenbankregeln (Knowledge Management System) und zum Aufbau von Management-Graphiken (Vigraph) zur Verfügung stellt. Für die Funktion der Aufgabenplanung kam zur gegenständlichen Darstellung der Bauteile die grafik- orientierte Entwicklungsumgebung Windows/4GL von Ingres zur Anwendung. Der Netzplaneditor, der Produktdatenmonitor, das Balkendiagramm und die Belastungsanzeige sind auf der Basis von GKS implementiert.

Integration der übrigen Systemkomponenten

Mit dem Auftragsleitsystem (ALS) integriert wurden ein PPS-System, ein CAD-System sowie ein NC-Programmiersystem. Die datentechnische Anbindung erfolgte systemspezifisch.

Im Falle des CAD-Systems Bravo3 wurden die Module des ALS mit Hilfe der Programmierschnittstelle APP (Applicon Programming Language) mit den Modulen des CAD-Systems gelinkt. Sie sind somit unmittelbare Bestandteile des CAD-Systems (vgl. Kap. 5).

Das eingesetzte PPS-System itsoft der Fa. infotechnik GmbH, München verfügt über Fortran-Programmschnittstellen, die sich allerdings auf das Lesen und Schreiben von einzelnen PPS-Datensätzen beschränkt. Zum Lesen der PPS-Datensätze muß also der Schlüssel bekannt sein.

Bei der Anbindung des NC-Programmiersystems Exapt der Exapt Systemtechnik GmbH, Aachen konnte die gegliederte Struktur dieses Systems genutzt werden. Unter einer mit Kommandoprozeduren (Betriebssystembefehle) gestalteten Oberfläche tauschen die Programmbausteine von Exapt Daten mithilfe von logischen Namen und Symbolen aus. Diese können auch von jedem anderen System, z.B. auch dem ALS, beschrieben und gelesen werden.

6.2 Exemplarischer Auftragsdurchlauf am Beispiel einer Variantenkonstruktion

Das vorliegende Beispiel beschreibt die Variantenkonstruktion einer Axialkolbenpumpe, für die von Seiten des Kunden eine bestimmte Förderleistung bei einer bestimmten Drehzahl gewünscht wird.

Auftragserfassung

Die Auftragsabwicklung setzt ein mit der Erfassung der Kundenauftragsdaten durch das PPS-System, was beispielsweise durch einen Mitarbeiter des Vertriebs vorgenommen wird. Neben den allgemeinen Auftragsdaten (Kundenauftragsnummer, Kundennummer, Liefertermin) sind in einer Auftragsposition die produktbezogenen Daten (Teilenummer der Variante, Referenz-Teilenummer der existierenden Axialkolbenpumpe, bestellte Stückzahl) einzugeben. Ergänzend zur Auftragsposition werden die vereinbarten Leistungsmerkmale im Positionsbegleittext festgehalten, so wie er auch dem Kunden im Rahmen der Auftragsbestätigung zugeht.

Da eine Pumpe entsprechend den Anforderungen von Seiten des Anbieters noch nicht vorhanden sein soll, sind konstruktive und planerische Arbeiten notwendig, um die Arbeitsunterlagen für die neue Variante zu erstellen. Der zuständige Sachbearbeiter legt dafür im Auftragsleitsystem ein Projekt an, welches frei zu bennen ist (z.B. "Pumpe für Meier & Barner"). Durch Eingabe der Kundenauftragsnummer wird eine Referenz zum Kundenauftrag aufgebaut und der Positionsbegleittext in das Spezifikationswesen des ALS übernommen.

Aufgabenplanung

Die Auftragsleitstelle wird über das Vorliegen des neuen Kundenauftrags informiert und beginnt mit der Auftragsplanung. Dazu wird die Produktstruktur des angegebenen Referenz-Produktes geladen (Bild 6.2). Wurde eine derartige Referenz noch nicht angegeben, so kann sie auch jetzt noch bestimmt werden. Der Anwender kann nun einzelne Komponenten auswählen, welche voraussichtlich zu modifizieren sind. Für diese Komponenten und ihre Teiledaten werden im Hintergrund Stammsätze in der Objektdatei des ALS neu angelegt als Platzhalter für die neu zu erstellenden Teile und Teiledaten. Der Bezug zum jeweiligen Referenzteil bleibt dabei erhalten. Stellt die gekennzeichnete Komponente selbst eine Baugruppe dar, so wird der Auswahlprozeß bei Bedarf auf der nächsten Strukturebene fortgesetzt. Alle übrigen Komponenten werden in unveränderter Form in die Stückliste der neuen Variante übernommen, außer sie werden explizit aus der Produktkonfiguration entnommen. Zu jedem der neu erzeugten oder übernommenen Objekte können Spezifikationstexte eingegeben werden.

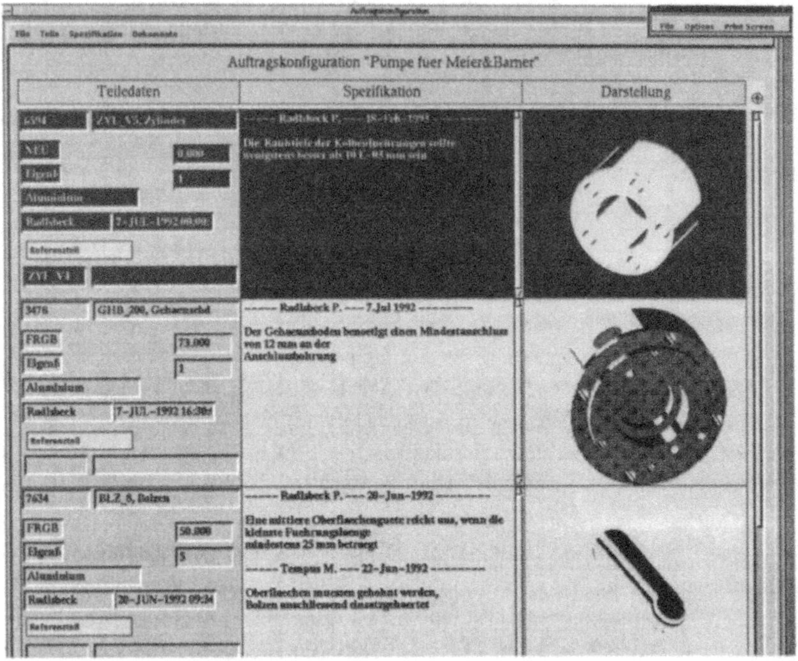

Bild 6.2: Generierung der auftragsspezifischen Produktkonfiguration

Im vorliegenden Beispiel wird formuliert, daß aus Zeit- und Kostengründen eine möglichst einfache Modifikation der Pumpe angestrebt werden soll und zudem nach Möglichkeit bestehende Produktionsmittel wiederzuverwenden sind. Daher wird lediglich der Zylinder, welcher die Axialkolben führt, als zu modifizierendes Einzelteil gekennzeichnet (im Bild hinterlegt). Die gewünschte Förderleistung soll also durch Variation der Anzahl der Zylinderbohrungen realisiert werden. Über den Arbeitsplan ist die Information zu erhalten, welche Betriebsmittel zur Fertigung der Bohrungen benötigt werden. Im Falle einer verstellbaren Vorrichtung ist ein Einrichteplan zu erstellen. Die Produktkonfiguration enthält somit als neue Objekte die Teile "Pumpe" und "Zylinder", sowie deren Teiledaten (Stückliste und Zusammenbauzeichnung für die Pumpe, Geometriemodell, Arbeitsplan, Einrichteplan und NC-Programme für den Zylinder). Diese Objekte werden in der Zugriffsliste dem Projekt "Pumpe für Meier&Barner" zugeordnet.

Ablaufplanung

Wird nun im Rahmen der Ablaufplanung eine Standardvorgehensweise ausgewählt, so werden die neuen Objekte entsprechend ihrem Klassifizierungsmerkmal auf die einzelnen Elemente dieses Auftragsnetzplanes verteilt. Das Ergebnis dieses Vorgangs wird dem Planer mit Hilfe des Netzplaneditors grafisch angezeigt (Bild 6.3). Die zwischenzeitlich ermittelten Vorgabewerte zur Bearbeitung einzelner Objekte (z.B. eines NC-Programms) werden summiert und als Vorgabewert dem jeweiligen Auftrag zugeschlagen.

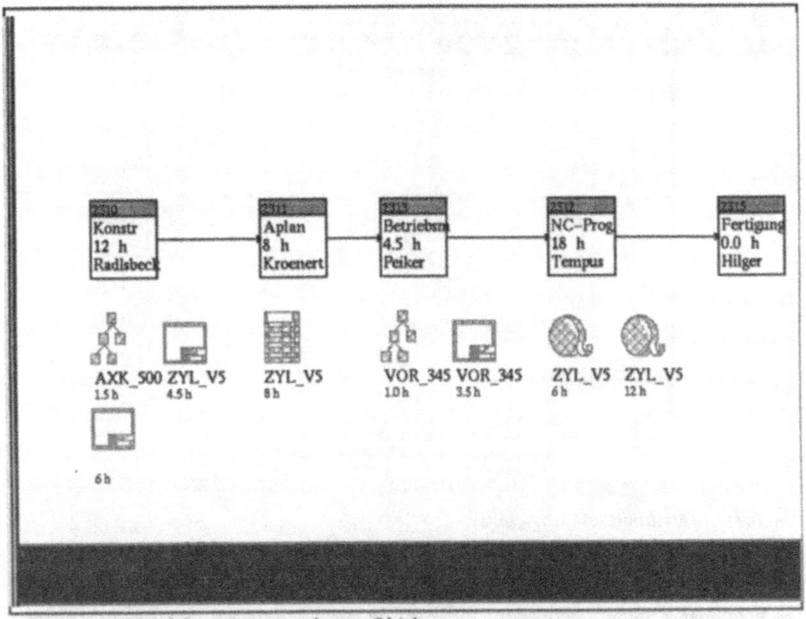

Bild 6.3: Ablaufplan mit zugeordneten Objekten

Dementsprechend ergibt sich beispielsweise folgende Aufgabenverteilung:

- Konstruktionsauftrag - die Geometriemodelle für den Zylinder und die Pumpe, sowie die Stückliste
- Arbeitsplanerstellung - Arbeitsplan des Zylinders
- Betriebsmittelplanung - Einrichteblatt
- NC-Programmierung - zwei NC-Programme (z.B. für Drehen sowie Bohren/Fräsen) entsprechend der Zahl der NC-Programme des Referenzteils

Termin- und Kapazitätsplanung

Im nächsten Schritt ist aufgrund des auftragsbezogenen Zeitaufwandes die voraussichtliche Bearbeitungsdauer (Durchlaufzeit) abzuschätzen, mit der die Durchlaufterminierung durchgeführt werden kann. Im vorliegenden Fall wurde eine Vorwärtsterminierung ausgehend vom aktuellen Zeitpunkt durchgeführt und der Endzeitpunkt mit dem Liefertermin verglichen. Die Zeitspanne zur Produktion der Teile wurde vom Referenzteil übernommen. Das Ergebnis der Terminierung wird in einem Balkendiagramm dargestellt (Bild 6.4).

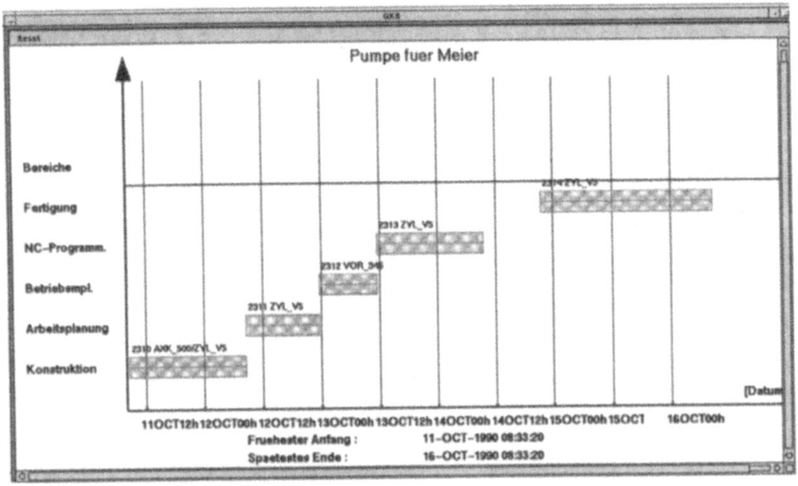

Bild 6.4: Terminierte Auftragsfolge

Die Aufträge sind anschließend mit Hilfe einer Auswahlfunktion für Instanzen den bearbeitenden Stellen zuzuweisen. Für den geplanten Zeitraum wird die Belastungsrechnung durchgeführt, um zu überprüfen, daß die zur Verfügung gestellte Kapazität zur termingerechten Auftragsausführung ausreicht. Sollte dies nicht der Fall sein, muß die Terminierung mit veränderten Rahmenvorgaben wiederholt werden. Dies ist im Beispiel jedoch nicht der Fall.

Auftragsveranlassung

Die Auftragsleitstelle initiiert daraufhin den Konstruktionsauftrag durch die graphisch-interaktive Identifikation des entsprechenden Auftragselements. Durch eine farbliche Kennzeichnung wird der neue Auftragsstatus wiedergegeben. Gleichzeitig erhält der Bearbeiter eine Nachricht, die ihn über diesen Vorgang informiert.

Auftragsbearbeitung

Der Konstrukteur kann sich über den neu eingegangenen Auftrag informieren, beispielsweise indem er die Spezifikation und sonstige Auftragsinformationen liest, und nimmt den Auftrag an.

Durch die Auftragsbearbeitung wird eine Geometriedatenbank generiert, in der für die beiden vorgegebenen Geometrieobjekte zwei Modellzellen angelegt und mit der Teilenummer benannt werden. Dabei wird dem Konstrukteur vom Menu des CAD-Systems das automatische Einlesen der Referenzteilgeometrie angeboten. Dieser Vorgang ist bewußt optional gestaltet, um den Konstrukteur nicht auf einen Weg der Geometrieerzeugung festzulegen.

Im vorliegenden Fall wird die Geometrie des Zylinders geladen, der Konstrukteur entfernt die vorhandenen Zylinderbohrungen und verwendet ein Variantenprogramm, welches in Abhängigkeit der vorgegebenen Parameter (Förderleistung, Drehzahl, Kolbenhub und Vorzugsmaße für die Kolbendurchmesser) die neuen Zylinderbohrungen generiert. In Bild 6.5 ist außerdem die Anzeige der Spezifikation zu erkennen.

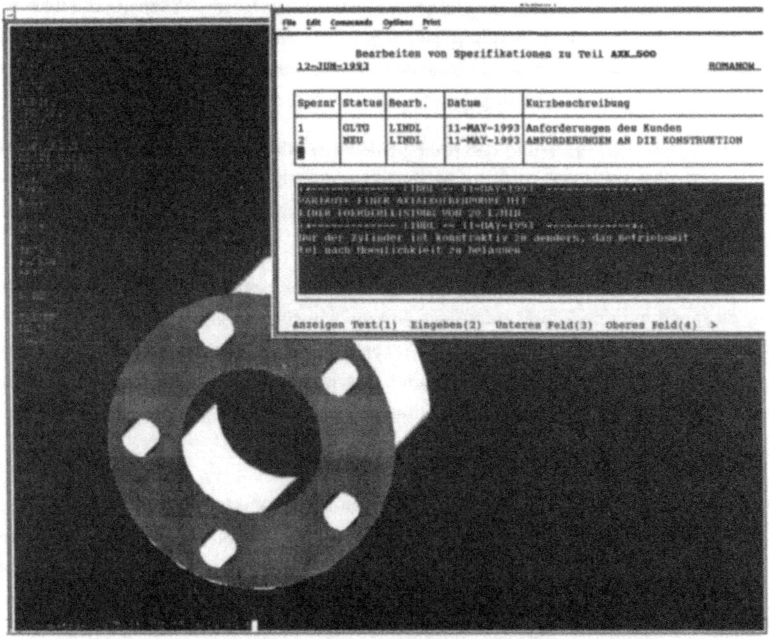

Bild 6.5: Bearbeitung des Konstruktionsauftrags am CAD-System

Weitere Schritte der Auftragsbearbeitung nach der Geometrieerzeugung sind:

- Vergabe von Teiledaten (z.B. Werkstoff, äußere Abmessungen usw.)
- Übertragung der Geometrie an das NC-Programmiersystem und das 3D-Simulationswerkzeug

Eine Zusammenstellung der kompletten Axialkolbenpumpe kann durch Referenzierung des Zylinders und der übrigen Einzelteile der Baugruppe in der zweiten Modellzelle erfolgen.

Durch die Fertigmeldung des Konstruktionsauftrags werden die Modellzellen, die angefügten Teiledaten und die Zellstruktur gelesen. Diese Daten werden an das Auftragsleitsystem zurückgegeben und zu den Objektdaten vermerkt. Gleichzeitig werden die benötigten Zeitspannen zum Editieren der beiden Modellzellen als Ist-Bearbeitungszeit in die Zugriffsliste eingetragen.

Auftragsfreigabe und weitere Vorgehensweise

Die Rückmeldung des Konstruktionsauftrags setzt die Auftragsleitstelle in Kenntnis, daß weitere Schritte der Auftragsbearbeitung veranlaßt werden können. Dazu werden im Rahmen der Freigabefunktion zunächst die Stücklisten- und Teiledaten in das PPS-System übertragen. Die parallele Benachrichtigung zeigt dem PPS-Sachbearbeiter an, daß nun Beschaffungsvorgänge eingeleitet werden können (Bild 6.6).

Die Leitstelle kann aufgrund der Rückmeldedaten erkennen, daß tatsächlich die angestrebte, einfache Modifikation des Zylinders zur Variation des Fördervolumens ausreichend war. Demzufolge kann die weitere Auftragsfolge der Situation angepaßt und optimiert werden.

So wird die Arbeitsplanerstellung beispielsweise aus der Auftragsfolge herausgenommen, da innerhalb des PPS-Systems der Arbeitsplan für den Zylinder kopiert werden kann. Die Betriebsmittelplanung und NC-Programmierung werden mithilfe des Netzplaneditors parallel angeordnet und gestartet. Diese Aufträge werden in analoger Weise abgewickelt, wie dies für den Konstruktionsauftrag dargestellt wurde.

Auftragsüberwachung

Zur Visualisierung des "vordergründig meßbaren" Arbeitsfortschritts steht hierbei der Auftragsleitstelle eine Art Produktdatenmonitor zur Verfügung (vgl. Bild 4.16). Diese symbolhafte Darstellung der Objekte beinhaltet sowohl fertig bearbeitete, in Arbeit befindliche sowie auch die erst konfigurierten Teiledaten. Die farbliche Kennzeichnung macht den Status der einzelnen Information transparent.

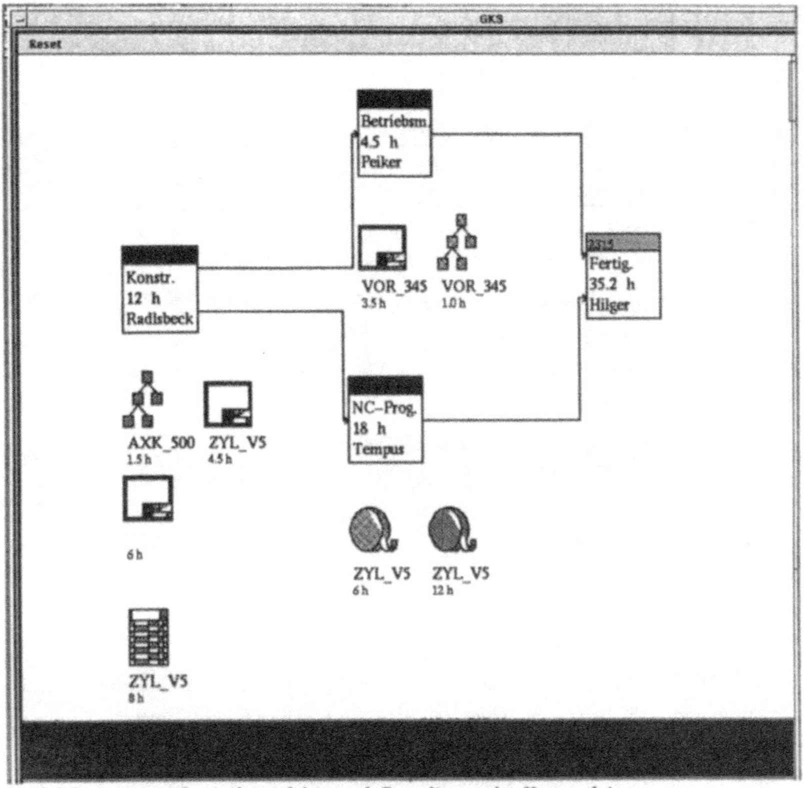

Bild 6.6: Angepaßte Auftragsfolge nach Beendigung der Konstruktion

Alle weiteren Aufträge des Netzplans können analog zum Konstruktionsauftrag bearbeitet werden.

7 Zusammenfassung & Ausblick

Die vorliegende Arbeit stellt einen Ansatz für eine durchgängig rechnerunterstützte Auftragsabwicklung im Fertigungsvorfeld dar. Ziel ist die bereichsübergreifende Ausrichtung der verschiedenen Teilaufgaben der Konstruktion und Arbeitsplanung auf übergeordnete Zielgrößen (Zeit, Kosten und Qualität), wie sie vor allem bei kundenspezifischer Auftragsabwicklung oftmals von Seiten des Kunden vorgegeben sind.

Ausgehend von einer Situationsanalyse wird gezeigt, daß die derzeit vorherrschenden Organisationsstrukturen und die eingesetzten Hilfsmittel nicht ausreichend geeignet sind, die sukzessiven und vernetzten Arbeitsabläufe im Fertigungsvorfeld entsprechend der Zielsetzung zu koordinieren.

Dies sind die Ansatzpunkte der Auftragsleittechnik, die durch geeignete systemtechnische Unterstützung einer Auftragsleitstelle zum einen eine frühzeitige und verbesserte Vorbereitung der Konstruktions- und Planungsaufgaben und zum anderen eine transparente, prozeßbegleitende und aktuelle Koordination der Aufgabendurchführung anstrebt.

Die Grundlage des systemtechnischen Ansatzpunktes bildet ein übergeordnetes und anwendungsneutral gestaltetes Datenmodell, welches die auftragsbezogene Datensicht der Produktionsplanung und -steuerung mit der objektbezogenen Sichtweise der Konstruktion und Arbeitsplanung integriert. Eine Beschreibung der Kapazitätsstrukturen vervollständigt dieses Datenmodell in Hinblick auf die Auftragsplanung. Besondere Gestaltungsmerkmale dieses Datenmodells sind:

- Frühzeitige Repräsentation der entstehenden Teile und Teiledaten durch ein Objektmodell in Hinblick auf eine Aufgaben- und Ablaufplanung sowie die prozeßbegleitende Darstellung der Querbeziehungen einzelner Teilaufgaben
- Weitreichende Flexibilisierung der Aufgabenabwicklung durch konfigurierbare Objektklassen, eine konfigurierbare Veranlassungslogik und flexible Zuordnung von Objekten zu Aufträgen
- Ereignisorientierte Vorgehensweise bei Planungs- und Steuerungsvorgängen
- Erfassung von Bearbeitungszeiten zur Bestimmung von Zeit- und zeitproportionalen Kostenaufwänden
- Weitgehende Automatisierbarkeit der Rückmeldungen durch den direkten Bezug externer Teiledaten mit dem Objektmodell des Auftragsleitsystems

- Zentrale Darstellung von sukessiv ergänzbaren Produktspezifikationen analog zu den übrigen Teiledaten
- Unterstützung von Kommunikationsvorgängen

Im Anschluß an die Gestaltung des Datenmodells werden die Funktionsbereiche der Auftragsplanung sowie der Auftragsüberwachung und -steuerung vorgestellt, welche zur Gewinnung von Transparenz zu großen Teilen mit einer grafischen Oberfläche ausgestattet wurden.

Die Funktionsbereiche der **Auftragsplanung** reichen dabei von der Definition von Konstruktions- und Planungsaufgaben im Rahmen einer Aufgabenplanung, über ihre zeitlich-logische Einordnung durch eine Ablaufplanung bis zu einer Termin- und Kapazitätsplanung. Funktionen zur Bewertung und vergleichenden Betrachtung alternativer Auftragskonfigurationen unter Zeit- und Kostengesichtspunkten verbessern dabei die Entscheidungsgrundlage der koordinierenden Einheiten.

Eine zeitorientierte Koordination der Auftragsausführung wird durch den Funktionsbereich der **Auftragssteuerung und -überwachung** ermöglicht. Unterstützt durch ein Regelwerk werden Aufträge in Abhängigkeit ihrer Zustandsgrößen veranlaßt, überwacht und freigegeben. Funktionen zur Bewertung der Auftragssituation werden in Form von Anzeigefunktionen für aktuelle Zeit- und Kostenverläufe zur Verfügung gestellt. Diese Anzeigefunktionen werden ergänzt durch die systemübergeordnete, transparente Darstellung von Teilen und Teiledaten aus den einzelnen Produktdatenerstellungsprozessen in verschiedenen Bearbeitungszuständen. Die Abwicklung von Änderungen kann vor allem durch die frühzeitige Ankündigungsmöglichkeit und das Formulieren von Änderungsspezifikationen unterstützt werden.

Die informationstechnische Durchgängigkeit wird schließlich durch die Integration auftragsausführender Systeme mit dem Auftragsleitsystem hergestellt. Einen Schwerpunkt der Betrachtung bildet die im Auftragsleitsystem zentralisierte ablauforganisatorische Kontrolle von Datenübertragungsvorgängen. Mit der Beschreibung eines Realisierungsbeispiels schließt die Arbeit.

Weitere Entwicklungsansätze bieten sich zukünftig an auf Seiten des Datenmodells in Form einer Vereinheitlichung der Informationsstrukturen für alle Planungs- und Steuerungsfunktionen (Bild 7.1). Im Vordergrund steht dabei jedoch nicht eine erneute Zentralisierung, sondern der Aufbau eines modularen Instrumentariums auf der Basis einer gemeinsamen, durchgängigen und systemübergeordneten Modellvorstellung. Dadurch ließe sich die Abstimmfähigkeit der Konstruktions- und Arbeitsplanungsaufgaben mit weiteren Unternehmensbereichen verbessern. Anregungen bezüglich der notwendigen Konfigurierbarkeit und Flexibilität dieses Modells sind unter anderem der vorliegenden Arbeit zu entnehmen.

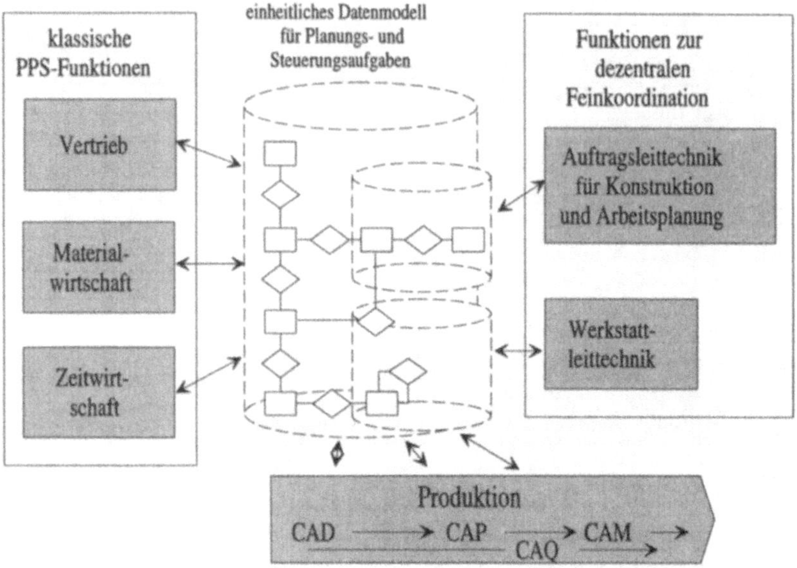

Bild 7.1: Modulare Integration verschiedener Planungs- und Steuerungsfunktionen auf der Basis eines einheitlichen Datenmodells

Da auf Seiten der Funktionen eines Auftragsleitsystems der Plan- und Steuerbarkeit von Vorgängen irgendwann Grenzen gesetzt sind, dürften Verbesserungen vor allem durch den Ausbau von integrierten Bewertungs- und Analysemöglichkeiten zu erwarten sein. Es ist nicht zu vergessen, daß für die Einzel- und Kleinserienfertigung derzeit kaum Grunddaten existieren, die zu einer Verbesserung der Entscheidungsfähigkeit im Konstruktions- und Planungsprozeß beitragen könnten. Die automatisierte Datenerfassung und -verarbeitung bietet sich hier an, mit geringem Aufwand differenziertes und vielseitig auswertbares Zahlenmaterial zur Beurteilung von Zeit-, Kosten- und Qualitätsaspekten zu gewinnen.

8 Literatur

/Ahre_89/ Ahrens K., Götz E., Möbus J., Müller-Baku R., Schmiedgen G.: "Hierarchieebenen der Produktionsleittechnik für Fertigungs- und Verfahrenstechnik", Abschlußbericht der AG "Begriffe" des ZVEI, Frankfurt 1989

/Ande_89/ Anderl R.: "Normung von CAD-Schnittstellen" , CIM-Management 1/89, Oldenbourg Verlag München

/Baie_90/ Baier W.: "OFFICE-Net - Ein rechnergestütztes Werkzeug zur Analyse und Gestaltung von Arbeitssystemen im Büro", IAO, Universität Stuttgart, 1990

/Bese_88/ Besewski A., Pillen P.: " EDV-Einsatz für Angebotswesen und Auftragsabwicklung", AV 25 Heft 4 (1988), Hanser Verlag München

/Binn_92/ Binner H.F.: "Durchgängige Regelkreise sichern die Termineinhaltung bei Einzelfertigern", ZwF 87 Heft 5 (1992), Hanser Verlag München

/Bock_90/ Bock M., Bock R., Scheer A.-W. : "Konstruktionsbegleitende Kalkulation mit Expertensystem-Unterstützung", ZwF 85 Heft 11 (1990), Hanser Verlag München

/Bran_68/ Brankamp K.: "Ein Terminplanungssystem für Unternehmen der Einzel- und Serienfertigung", Physica-Verlag Wien, 1968

/Brau_90/ Braun M.: "Kopplung von CAD und PPS", Verlag TÜV Rheinland Düsseldorf, 1990

/Broc_89/ Brockhoff K.: "Schnittstellen-Management - Abstimmungsprobleme zwischen Marketing, Forschung und Entwicklung", Poeschel-Verlag Stuttgart, 1989

/Büde_89/ Büdenbender W.: "Entwicklung von Anforderungen und Gestaltungsvorschlägen zur Konzeption einer ganzheitlichen Produktionsplanung und -steuerung für Unternehmen des Maschinenbaus mit serieller, inhomogener Auftragsabwicklungsstruktur", Diss. RWTH Aachen, 1989

/Bull_89/ Bullinger H.J., Salzer C.: "Integration von CAD und CAP über ein gemeinsames Produktmodell", CIM-Management 6/89 (1989), Oldenbourg Verlag München

/Bull_90/ Bullinger H.J.: "F&E-Heute, Industrielle Forschung und Entwicklung in der Bundesrepublik Deutschland", gfmt-Verlag München, 1990

/Bull_90B/ Bullinger H.-J., Wasserlos G.: "Reduzierung der Produktentwicklungszeiten durch Simultaneous Engineering", CIM-Management Heft 6/90 (1990), Oldenbourg Verlag München

/Bull_92/ Bullinger H.-J., Reim F., Rothkopf B.: "Verteilte Informationssysteme für das Produktionsmanagement", CIM-Management 1/92 (1992), Oldenbourg Verlag München

/Bull_76/ Bullinger H.-J.: "Ablaufplanung in der Konstruktion", Krausskopf Verlag Mainz, 1976

/Bull_73A/ Bullinger H.-J., Danglmaier W., Hichert R.: "Kapazitätsplanungssystem für den Unternehmensbereich Konstruktion und Entwicklung", Industrial Engineering 3/73 Heft 5 (1973)

/Bull_73B/ Bullinger H.-J., Danglmaier W., Hichert R.: "Vorgehensweise der Kapazitätsterminierung im Konstruktions- und Entwicklungsbereich", Industrial Engineering 3/73 Heft 6 (1973)

/DIN_19222/ DIN-19222 "Leittechnik, Begriffe", Beuth Verlag Berlin, 1985

/Dräg_91/ Dräger H.: "Betriebsmittelbau - Gesamtplanung und -steuerung", in: Werkzeuge und Werkzeugsysteme der Metallbearbeitung, Jahresbericht 1990-91 zum Sonderforschungsbereich 300 der Universität Hannover

/Ehrl_90/ Ehrlenspiel K., Müller R.: "Datenbankgestützte Konstruktionsdatenverwaltung", CIM-Management 2/90 (1990), Oldenbourg Verlag München

/Ehrl_85/ Ehrlenspiel K.: "Kostengünstiges Konstruieren", Springer Verlag Berlin, 1985

/Ever_90/ Eversheim W.: Organisation in der Produktionstechnik, Band 1, VDI-Verlag Düsseldorf, 1990

/Fisc_89/ Fischer K.: "Retrograde Terminierung - Werkstattsteuerung bei komplexen Fertigungsstrukturen", Deutscher Universitäts-Verlag Wiesbaden, 1989

/Förs_87/ Förster H.U., v. Loeffelholz F., Miessen E., Roos E.: "Marktspiegel - PPS-Systeme auf dem Prüfstand", Verlag TÜV Rheinland Köln, 1987

/Frei_84/ Freist Ch.: "Einsatzmöglichkeiten statistischer Verfahren in CAD/CAM-Systemen", Diss. TU Hannover, 1984

/Fres_90/ Frese E., Noetel W.: "Kundenorientierte Organisationsstrukturen in Produktion und Vertrieb", in: Organisationsstrategie und Produktion, gfmt-Verlag München, 1990

/Gaus_92/ Gausemeier J.: "Integratives Denken und Handeln in der rechnerintegrierten Produktion", CIM-Management 1/92 (1992), Oldenbourg Verlag München

/Götz_90/ Götz E., Ahrens K., Möbus J., Müller-Baku R., Schmiedgen G.: "Leittechnische Ebenen in der Fabrik", ZwF 85 Heft 4 (1990), Hanser Verlag München

/Grab_92/ Grabowski H., Anderl R., Schmidt M.: "STEP: Die Beschreibung von Produktstrukturen mit dem Teilmodell PSCM", VDI-Z Heft 3 (1992)

/Grab_91/ Grabowski H., Schäfer H., Krzepinski A.: "Methodisch unterstützte Planung und Integration von CAD/CAM-Verfahrensketten", CIM-Management, Teil 1-3, Heft 6/91 bis Heft 2/92 (1991/1992), Oldenbourg-Verlag München

/Grab_90/ Grabowski H., Schäfer H.: "Methode zur Planung von CAD/CAM-Gesamtkonzeptionen", in: Organisationsstrategie und Produktion, gfmt-Verlag München, 1990

/Groc_80/ Grochla E.: "Handwörterbuch der Organisation", Poeschel Verlag Stuttgart, 1980

/Groh_82/ Groh H., Gutsch R.W.(Hrsg.): "Netzplantechnik", VDI-Verlag Düsseldorf, 1982

/Groß_92/ Groß M.: "Planung der Auftragsabwicklung komplexer, variantenreicher Produkte", Dissertation TH Aachen, 1992

/Hack_89/ Hackstein R.: "Produktionsplanung und -steuerung", VDI-Verlag Düsseldorf, 1989

/Härd_89/ Härder Th.: "Die Rolle von Datenbanksystemen in CIM", CIM-Management 6/89 (1989), Oldenbourg Verlag München

/Haer_91/ Haermeyer Th.: "Methodik zur Planung von Informationssystemen für die Qualitätsplanung", Diss. TH Aachen, 1991

/Heie_89/ Heiermann K.: "Simultaneous Engineering in der Kleinserienproduktion", VDI-Bericht Nr. 758, VDI-Verlag Düsseldorf, 1989

/Hemm_85/ Hemmert U.: "Entwicklung ablauforganisatorischer Sollkonzepte", Dissertation RWTH Aachen, 1985

/Herb_73/ Herbst M.: "Das betriebswirtschaftliche Organisationsmittel des Auftrags als Steuerelement betrieblicher Arbeitsprozesse", Industrial Engineering 3/73 Heft 6 (1973)

/Heß_73/ Heß-Kinzer D.: "Grundlagen der Grobtermin- und Kapazitätsplanung", Industrial Engineering 3/73 Heft 6 (1973)

/Heuw_74/ Heuwing F.W.: "Grundlagen der Terminplanung in der Konstruktion", Diss. TH Aachen, 1974

/Hich_80/ Hichert R., Voegele A.: "EDV-Systeme zur Planung und Steuerung in Entwicklung und Konstruktion", in: Planung in Entwicklung und Konstruktion, expert-Verlag Grafenau 1980

/Hich_80A/ Hichert R.: "Kennzahlen des Entwicklungs- und Konstruktionsbereiches", in: Planung in Entwicklung und Konstruktion, expert-Verlag Grafenau 1980

/Hoit_92/ Hoitsch H.-J.: "Produktionscontrolling im CIM-Konzept", CIM-Management 1/92 (1992), Oldenbourg Verlag München

/Ingr_92/ Produktdokumentation zu Ingres 6.4, Ingres GmbH Frankfurt, 1992

/Klei_88/ Kleine Büning H., Schmitgen S.: "Konzeption zur Lösung des Variantenproblems in der Stücklistenverarbeitung", CIM-Management 2/88 (1988), Oldenbourg Verlag, München

/Klei_89/ Kleine Büning H., Neumann B., Weiner J., Hagenmaier F.: "Auftragsbearbeitung variantenreicher Produkte", CIM-Management Heft 2/89 (1989), Oldenbourg Verlag München

/Koep_91/ Koepfer Th.: "3D-grafisch-interaktive Arbeitsplanung - ein Ansatz zur Aufhebung der Arbeitsteilung", iwb-Forschungsberichte Nr.40, Springer-Verlag Berlin, 1991

/Köpp_91/ Köppe D.: "Ein Datenmodell für CAQ-Anwendungen in der rechnerintegrierten Produktion", Diss. TH Aachen, 1991

/Krau_88/ Krause F.-L., Armbrust P., Bienert M.: "Methodbases and product models as bases for integrated design and manufacturing", Robotics & Computer Integrated Manufacturing 4/88 (1988)

/Kupe_91/ Kupec Th.: "Wissenbasiertes Leitsystem zur Steuerung flexibler Fertigungsanlagen", iwb-Forschungsberichte Nr.37, Springer-Verlag Berlin, 1991

/Ley_89/ Ley W.: "Simultaneous Engineering in der variantenreichen kundenauftragsspezifischen Anlagenproduktion", VDI-Bericht Nr. 758, VDI-Verlag Düsseldorf, 1989

/Lind_91/ Lindl M.: "Auftragsleittechnik für die integrierte Konstruktion und Arbeitsplanung", CIM-Management 1/91 (1991), Oldenbourg Verlag München

/Lind_92/ Lindl M.: "Verkürzte Vorlaufzeiten", wt 3/92 (1992), Springer Verlag Berlin

/Lucz_90/ Luczak H., Reuschenbach Th., Steidel F.: "Simulation von Konstruktionsabteilungen im Hinblick auf CAD-Organisationsmodelle", in: Organisationsstrategie und Produktion, gfmt-Verlag München, 1990

/Lutz_88/ Lutz P.: "Leitsysteme für die rechnerintegrierte Auftragsabwicklung", iwb-Forschungsberichte Nr.16, Springer Verlag, Berlin, 1988

/Marc_89/ Marczinski G., Prengemann U., Holland M., Mittmann B.: "Anwendungsorientierte Analyse des zukünftigen Schnittstellen-Standards STEP", ZWF Heft 8 (1989), Hanser-Verlag München

/Matt_92/ Matthes J., Koch D., Fischer D.: "Objektorientierte Datenbanken für die Produktdokumentation", ZwF 87 Heft 1 (1992), Hanser Verlag München

/Mies_87/ Miessen E.: "Marktstudie: 76 PPS-Systeme im Vergleich", CIM-Management, 3/87 (1987), Oldenbourg Verlag München

/Milb_89/ Milberg J.: Vortrag "Mensch, Maschine und Computer - Produktionstechnik im Zeitalter der Mikroelektronik", Bonner Wissenschaftszentrum, Bonn 14.11.1990

/Milb_91/ Milberg J.: "Wettbewerbsfaktor Zeit in Produktionsunternehmen", in: Wettbewerbsfaktor Zeit in Produktionsunternehmen, Referate des Münchener Kolloquiums 91, Springer Verlag, Berlin 1991

/Milb_91A/ Milberg J.: "Alle Automatisierung beginnt in der Konstruktion", Betriebstechnik Heft 6/91 (1991), Resch Verlag Gräfelfing

/Pahl_86/ Pahl G., Beitz W.: "Konstruktionslehre", Springer Verlag Berlin, 1986

/Parg_92/ Parge W.: "Synchronsiation der Auftragsgrobplanung mit der Feinplanung und -steuerung in der Einzelfertigung", CIM-Management 1/92 (1992), Oldenbourg Verlag München

/Pars_89/ Parsayae K., u.a.: "Intelligent Databases", Wiley & Sons, New York, 1989

/Peik_91/ Peiker S., Lindl M.: "Selektive Datenübertragung in einer CAD/NC-Schnittstelle", ZWF/CIM, 1/91 (1991), Hanser Verlag München

/Pete_87/ Peters G.: "Ablauforganisation und Informationstechnologie im Büro : Konzeptionelle Überlegungen und empirisch-explorative Studie", Diss. Universität Köln, 1987

/Pisc_91/ Pischetsrieder B.: "Zeitorientierte Ablauforganisation - Anforderungen, Ansatzpunkte, Instrumente", in: Wettbewerbsfaktor Zeit in Produktionsunternehmen, Springer Verlag Berlin, 1991

/Plat_86/ Platz, Schmelzer : "Projektmanagement", Springer Verlag, Berlin, 1986

/Poes_88/ Poestges A.: "Der Einsatz von Entscheidungstabellen in der Auftragsklärung" AV 25 Heft 3 (1988), Hanser Verlag München

/Rein_80/ Reinking J.: "Termikon - Leistungsspektrum, Arbeitsweise und Benutzeranpassung", in: Planung in Entwicklung und Konstruktion, expert Verlag Grafenau, 1980

/Refa_85A/ REFA (Hrsg.) : "Methodenlehre der Planung und Steuerung", Band 2 "Planung", Hanser-Verlag München, 1985

/Refa_85B/ REFA (Hrsg.) : "Methodenlehre der Planung und Steuerung", Band 3 "Steuerung", Hanser-Verlag München, 1985

/Ried_90/ Riedel M.: "Integrierte technische Datenbank", CIM-Management 3/90 (1990), Oldenbourg Verlag München

/Rutt_91/ Rutt H.: "Zeitwettbewerb - Herausforderung für die Unternehmensstrategie der 90er Jahre", in: Wettbewerbsfaktor Zeit in Produktionsunternehmen, Springer Verlag Berlin, 1991

/Sche_90/ Scheer A.-W., Hars A., Klein J.: "Das Informationsmanagementsystem INMAS - ein Wegbereiter für CIM", in: Organisationsstruktur und Produktion, gfmt-Verlag München, 1990

/Sche_92/ Scheer A.-W.: "Neue Architekturen für PPS-Systeme", CIM-Management 1/92 (1992), Oldenbourg Verlag München

/Schö_91/ Schöpf M.: "Computergestützte Maschinen- und Anlagenplanung", in: Die neue Fabrik, Sonderpublikation des mi-Verlag, 1991

/Scho_88/ Scholz, B.: "CIM-Schnittstellen - Konzepte, Standards und Probleme der Verknüpfung von Systemkomponenten in der rechnerintegrierten Produktion", Oldenbourg Verlag München 1988

/Sinz_91/ Sinz E.: "Objektmodellierung betrieblicher Informationssysteme", in: Objektorientierte Informationssysteme, Band T22, Springer Verlag Berlin, 1991

/Seem_92/ Seemann A.: "Technologische Abhängigkeiten auf dem graphischen Leitstand dargestellt", ZWF 87 Heft 4 (1992), Hanser Verlag München

/Spur_84/ Spur G., Krause F.-L.: "CAD-Technik", Hanser Verlag München, 1984

/Süss_91/ Süssenguth W.: "Methoden zur Planung und Einführung rechnerintegrierter Produktionsprozesse", Diss. TU Berlin, Hanser Verlag München, 1991

/Ullm_91/ Ullmann W.: "Logistische Controlling-Systeme", in: Modellbasiertes Planen und Steuern reaktionsschneller Produktionssysteme, gfmt-Verlag München, 1991

/VDI_2221/ VDI-Richtlinie 2221, Methodik zum Entwickeln und Konstruieren technischer Systeme und Produkte

/Warn_80/ Warnecke H.J., Hichert R., Voegele A., u.a.: "Planung in Entwicklung und Konstruktion", expert-Verlag Grafenau, 1980

/Weck_90/ Weck M., Eversheim W., König W., Pfeifer T.: "Wettbewerbsfaktor Produktionstechnik", Sonderausgabe zum AWK, VDI-Verlag Düsseldorf, 1990

/Wien_83/ Wiendahl H.-P.: "Betriebsorganisation für Ingenieure", Hanser Verlag München, 1983

/Wien_89/ Wiendahl H.-P.: "Belastungsorientierte Fertigungssteuerung", Hanser Verlag München, 1989

/Wild_90/ Wildemann H.: "Wettbewerbs- und mitarbeiterorientiertes Zeitmanagement in Produktion und Logistik", in: Organisationsstrategie und Produktion, gfmt Verlag München, 1990

/Witt_89/ Witte K.-W.: "Marktgerechte Produkte und kostengünstige Produktionen durch Simultaneous Engineering", VDI-Bericht Nr. 758, VDI-Verlag, 1989

/Zang_85/ Zangl H.: "Durchlaufzeiten im Büro", Erich Schmidt Verlag, Berlin, 1985

/Zülc_90/ Zülch G.: "Systematisierung von Strategien der Fertigungssteuerung", in: Organisationsstruktur und Produktion, gfmt-Verlag München, 1990

iwb Forschungsberichte

Berichte aus dem Institut für Werkzeugmaschinen und Betriebswissenschaften der Technischen Universität München

Herausgeber: Prof. Dr.-Ing. J. Milberg

---

1 **Streifinger, E.**
Beitrag zur Sicherung der Zuverlässigkeit und Verfügbarkeit moderner Fertigungsmittel
1986. 72 Abb. 167 Seiten, ISBN 3-540-16391-3 — 68,- DM

2 **Fuchsberger, A.**
Untersuchung der spanenden Bearbeitung von Knochen
1986. 90 Abb. 175 Seiten, ISBN 3-540-16392-1 — 68,- DM

3 **Maier, C.**
Montageautomatisierung am Beispiel des Schraubens mit Industrierobotern
1986. 77 Abb. 144 Seiten, ISBN 3-540-16393-X — 68,- DM

4 **Summer, H.**
Modell zur Berechnung verzweigter Antriebsstrukturen
1986. 74 Abb. 197 Seiten, ISBN 3-540-16394-8 — 68,- DM

5 **Simon, W.**
Elektrische Vorschubantriebe an NC-Systemen
1986. 141 Abb. 198 Seiten, ISBN 3-540-16693-9 — 68,- DM

6 **Büchs, S.**
Analytische Untersuchungen zur Technologie der Kugelbearbeitung
1986. 74 Abb. 173 Seiten, ISBN 3-540-16694-7 — 68,- DM

7 **Hunzinger, I.**
Schneiderodierte Oberflächen
1986. 79 Abb. 162 Seiten, ISBN 3-540-16695-5 — 68,- DM

8 **Pilland, U.**
Echtzeit-Kollisionsschutz an NC-Drehmaschinen
1986. 54 Abb. 127 Seiten, ISBN 3-540-17274-2 — 68,- DM

9 **Barthelmeß, P.**
Montagegerechtes Konstruieren durch die Integration von Produkt- und Montageprozeßgestaltung
1987. 70 Abb. 144 Seiten, ISBN 3-540-18120-2 — 68,- DM

10 **Reithofer, N.**
Nutzungssicherung von flexibel automatisierten Produktionsanlagen
1987. 84 Abb. 176 Seiten, ISBN 3-540-18440-6 — 68,- DM

11 **Diess, H.**
Rechnerunterstützte Entwicklung flexibel automatisierter Montageprozesse
1988. 56 Abb. 144 Seiten, ISBN 3-540-18799-5 — 73,- DM

GPSR Compliance

The European Union's (EU) General Product Safety Regulation (GPSR) is a set of rules that requires consumer products to be safe and our obligations to ensure this.

If you have any concerns about our products, you can contact us on ProductSafety@springernature.com

In case Publisher is established outside the EU, the EU authorized representative is:

Springer Nature Customer Service Center GmbH
Europaplatz 3
69115 Heidelberg, Germany

Batch number: 10844639

Printed by Printforce, the Netherlands